GEGEN DIE TYRANNEI

WECKRUF AUS DER KRISE

Gegen die Tyrannei

Weckruf aus der Krise

Gesammelte Beiträge von
Tobias Riemenschneider

Mit einem Artikel von
Dr. John MacArthur

und einem Vorwort von
Dr. James White

Gegen die Tyrannei
Weckruf aus der Krise
1. Auflage 2023

© 2023, Lichtzeichen Verlag GmbH
© 2023, Arbeitsgemeinschaft Weltanschauungsfragen e.V.

Umschlaggestaltung: Manuela Bähr-Janzen
Satz: Oleg Merkel (www.avineos.com)

ISBN: 978-3-86954-555-4
Bestell-Nr.: 548555

Wir leben in einer Periode der Kirchengeschichte, in der die überwiegende Mehrheit der Gemeinden und Denominationen dem Rat der Welt gefolgt ist und versucht, die Heilige Schrift entsprechend anzupassen. Die alarmierenden Fehlinterpretationen und falschen Anwendungen bei Themen wie der Rolle der Regierung und der Nächstenliebe hat dazu geführt, dass Christen auf der ganzen Welt von ihren Leitern desillusioniert und geistlich im Stich gelassen wurden, und das in einer Zeit, in der es für sie am nötigsten gewesen wäre, dass ihre geistlichen Führer aufstehen. Deshalb bin ich dankbar für meinen lieben Bruder und Freund Tobias Riemenschneider, der diese hervorragende Ressource voller biblischer Wahrheiten in Bezug auf die Corona-Situation zusammengestellt hat, die auch ein Zeugnis für ihre Anwendung im Leben seiner Gemeinde ist.

John-William Noble
Pastor der Grace Baptist Church Aberdeen, Schottland, UK

In diesem Buch spricht Tobias Riemenschneider Wahrheiten aus, die von der Kirche heute gehört werden müssen. Die weltweite Reaktion auf COVID-19 hat die Kirche gezwungen, sich neu mit dem Wort zu befassen und die Rolle von Kirche und Staat und deren Verhältnis zueinander zu klären. Ich bin überzeugt, dass der Inhalt dieses Buches der Kirche gute Dienste leisten wird, während die westliche Welt in ihrer Rebellion gegen Gott verharrt. Möge dieses Buch Sie segnen und Christus verherrlichen.

Tim Stephens
Pastor der Fairview Baptist Church, Calgary, Alberta, Kanada

INHALTSVERZEICHNIS

VORWORT

Dr. James White

D urch die Vorsehung Gottes kam ich auf meinen weltweiten Reisen in Kontakt mit den lieben Freunden der Evangelisch-Reformierten Baptistengemeinde in Frankfurt. Einige Jahre lang besuchte ich die Gemeinde jährlich. Dann brach die Covid-Pandemie aus, und alles änderte sich. Ich setzte meine Beziehung aus der Ferne fort, indem ich regelmäßig über das Internet Kirchengeschichte unterrichtete.

So konnte ich mich über die Herausforderungen, mit denen die Heiligen in Deutschland konfrontiert waren, immer auf dem Laufenden halten. Ich erkannte schnell, dass ich zutiefst gesegnet war, in den Vereinigten Staaten zu leben. Ich erfuhr von den Männern und Frauen, die mir so lieb und teuer waren, aus erster Hand von den drakonischen Maßnahmen der deutschen Regierung. Ich musste regelmäßig für sie beten und gleichzeitig für meine Freiheiten danken, obwohl ich genau wusste, dass viele in meinem eigenen Land genauso hart vorgehen wollten wie die deutsche Regierung.

Tobias Riemenschneider und sein Mitpastor Peter Schild mussten sich mit den vielen Fragen auseinandersetzen, die sich der Kirche im Westen zum ersten Mal in unserem Leben stellten. Wir sprachen oft miteinander, und ich tat alles, was ich konnte, um Ermutigung zu geben, indem ich Entwürfe von Erklärungen las und Hilfestellung gab, wo ich konnte. Ich bin einer der Pastoren der Apologia Church in Mesa, Arizona, und wir haben gleich zu Beginn die Entscheidung getroffen, die Kirche nicht zu schließen, sondern uns weiterhin zum Gottesdienst zu treffen. Wir verkündeten unsere Gründe von der Kanzel aus und versuchten, andere zu ermutigen, die mit denselben Herausforderungen zu kämpfen hatten.

In den letzten Jahren hat Tobias Riemenschneider die gläubige, gemeindliche, Christus verherrlichende Bewegung in Deutschland geleitet, und auf diesen Seiten gibt er eine Zusammenfassung der Argumente und Begründungen, die er und seine Gemeinde der breiteren christlichen Gemeinschaft vorgelegt haben. Sie haben eine enorme Menge an Widerstand erfahren, was kaum überraschend ist. Wir alle spüren, dass weitere Herausforderungen auf uns zukommen werden. Aber wir müssen uns jetzt die Zeit nehmen, ein festes Fundament zu legen, bevor das Wasser der Verfolgung und des Unheils wieder ansteigt.

Die amerikanische Kirche war für unsere Brüder in Übersee eine Ermutigung, aber auch wir haben viel von ihnen zu lernen. Mögen die Erkenntnisse von Tobias Riemenschneider, die auf dem Amboss der bedrängenden Zeiten in Deutschland geschmiedet wurden, uns allen Licht und Einsicht in unserem Streben geben, Christus in allem, was wir tun, zu ehren.

Dr. James White
Pastor der Apologia Church, Mesa, Arizona, USA,
Direktor von Alpha and Omega Ministries

ÜBER DIESES BUCH

Tobias Riemenschneider

D as vorliegende Buch ist eine Zusammenstellung von Stellungnahmen, Predigten, Vorträgen usw., die ich in Bezug auf die restriktiven staatlichen Maßnahmen während der Corona-Zeit und die Reaktion eines großen Teils der Kirchen und Gemeinden darauf geschrieben bzw. gehalten habe oder an deren Erstellung ich zumindest maßgeblich beteiligt war. Ich bin Thomas Schneider und dem Lichtzeichen-Verlag dankbar, dass sie die Idee für dieses Buch hatten. Für das bessere Verständnis möchte ich kurz vorab erläutern, in welchem Kontext die jeweiligen Beiträge entstanden sind.

Die staatlichen Maßnahmen während der Corona-Zeit waren beispiellos in der Geschichte der Bundesrepublik Deutschland. Noch nie hatte der Staat so massiv und langanhaltend in quasi sämtliche Grundrechte der Bürger eingegriffen – mit unabsehbaren Folgen. Der Staat offenbarte sich in einer Weise als autoritär und repressiv, wie es in der westlichen Welt unvorstellbar erschien. Umso erschreckender war die Reaktion der meisten Kirchen und Gemeinden: Weitgehend unkritisch befolgten sie die staatlichen Anordnungen, von Abstands-, Masken- und Testpflichten bis zu Gottesdienst-, Gesangs- und Sakramentsverboten. Aber damit nicht genug, fanden sich etliche Pastoren, Bibel- und Hochschullehrer, welche die Christen aufforderten, sich den Maßnahmen des Staates zu unterwerfen, da dies ihre biblische Pflicht sei.

So veröffentlichten mehr als fünfzig zum Teil sehr angesehene Männer unter der Leitung von Michael Kotsch und Wilfried Plock das Thesenpapier „Jesus im Mittelpunkt behalten – trotz Corona", in welchem sie versuchten, das staatliche Unrecht biblisch zu legitimieren, und die Christen zur Unterordnung aufriefen. Gegen dieses Thesenpapier wendet sich die Stellungnahme „Jesus im Mittelpunkt behalten – gerade wegen Corona" (S. 18), welche mein Mitpastor Peter Schild und ich am 9. März 2021 veröffentlichten, um Christen eine biblische Argumentationshilfe gegen die theologisch und exegetisch mangelhaften Ausführungen des Thesenpapiers an die Hand zu geben und ihnen dadurch auch seelsorgerlich beizustehen.

Die zentrale Bibelstelle, die von den Verfechtern einer Unterordnung unter die staatlichen Maßnahmen angeführt wurde und mit der wir uns daher auch intensiv auseinandersetzen mussten, sind die ersten Verse des dreizehnten Kapitels des Briefes des Paulus an die Römer. Es ist erstaunlich, wie diese Verse nicht nur in der Corona-Zeit, sondern auch in der Vergangenheit immer wieder (bewusst oder unbewusst) fehlgedeutet wurden, um einen bedingungslosen Gehorsam gegenüber dem Staat zu rechtfertigen. Die Predigt „Unterordnung und Widerstand" (S. 30), welche ich am 21. März 2021 hielt, legt daher diese und verwandte Schriftstellen ausführlich aus und zeigt sowohl die Reichweite als auch die Grenzen der biblisch geforderten Unterordnung unter den Staat auf. Ich habe bewusst darauf verzichtet, den Wortlaut der Predigt für die gedruckte Fassung zu stark anzupassen. Die gedruckte Fassung entspricht damit, von kleinen Änderungen abgesehen, dem tatsächlich Gepredigten, denn ich möchte den Charakter als Predigt erhalten, auch wenn dies bedeutet, dass einige Formulierungen für eine schriftliche Fassung ungewöhnlich sind.

Besonders erfreut war ich, als ich eines Tages einen Brief mit dem Gedicht „Erkenntnis aus dem Römerbrief" (S. 54) erhielt, zu dessen Abfassung sich der Geologe und Dichter Edgar Franz durch meine Predigt inspiriert gefühlt hatte. Mit seiner freundlichen Genehmigung ist auch das Gedicht in diesem Buch abgedruckt.

Gegen Ende des Jahres 2021 spitzte sich die Situation weiter zu. Politik und Medien – und damit auch der Großteil der Gesellschaft – hatten sich darauf festgelegt, dass die „Ungeimpften" am Infektionsgeschehen und den „alternativlosen" Maßnahmen des Staates schuld seien. Der Hass auf die neuen Sündenböcke wurde von Politikern und Medien immer unverhohlener propagiert. Sie wurden als Wissenschaftsleugner und Verschwörungstheoretiker verunglimpft. Ihnen wurde Tyrannei und Terrorismus vorgeworfen. Politiker forderten, ihnen die Rente zu streichen und sie aus der Gesellschaft auszuschließen, was auch immer mehr geschah, bis ihnen schließlich sogar verboten wurde, Geschäfte zu betreten. All dies gipfelte in der Aussage von Bundeskanzler Olaf Scholz, dass es für ihn „keine roten Linien mehr" gebe (d.h. im Kampf gegen die „Ungeimpften"). Ich wüsste nicht, dass ein deutscher Kanzler jemals eine solche Drohung gegen einen Teil der eigenen Bevölkerung ausgestoßen hätte – jedenfalls nicht nach 1945. Und plötzlich kündigten alle Regierenden in Bund und Ländern die Einführung einer allgemeinen Impfpflicht für die ganze deutsche Bevölkerung an, obwohl sie Tage zuvor noch behauptet hatten, dass niemand die Absicht habe, eine Impfpflicht einzuführen. Die Angst unter den Menschen, welche die Injektion aus unterschiedlichen Gründen ablehnten, war förmlich greifbar, und nicht wenige von ihnen dachten über eine Flucht ins Ausland nach.

In dieser Situation sahen mein Mitpastor Peter Schild und ich uns gedrängt, unseren betroffenen Geschwistern, die oftmals auf kein Verständnis in ihren Gemeinden hoffen konnten, seelsorgerlich beizustehen, und veröffentlichten daher am 3. Dezember 2021 eine „Hilfestellung für einen biblischen Umgang mit der Corona-Impfung" (S. 55), in der wir versuchten, auf die Ängste und Fragen der Geschwister einzugehen und sie zum Ausharren in Hoffnung zu ermutigen.

Im selben Monat gründeten wir zusammen mit anderen Pastoren und Brüdern den „Arbeitskreis Christliche Corona-Hilfe" (ACCH), durch welchen wir die Christen landesweit zur Buße und zum Gebet aufriefen. Zudem verfasste ich das Schreiben „Die Impfpflicht und das christliche Gewissen" (S. 73), welches namens des ACCH und weiterer christlicher Leiter am 25. Februar 2022 an die Regierenden in Bund und Ländern und alle Abgeordneten des Deutschen Bundestags geschickt wurde, um ihnen die Situation vieler Christen zu schildern und klar, aber respektvoll an sie zu appellieren, von der Einführung der Impfpflicht abzusehen.

Am 28. August 2022 fand eine Konferenz des ACCH bei Frankfurt am Main statt, bei welcher ich eine Rückschau auf die letzten zwei Corona-Jahre hielt, die Geschehnisse geistlich einordnete und fragte, welche Lehren wir aus der Corona-Zeit ziehen könnten. Der Vortrag „Rückblick auf zwei Jahre Corona" (S. 76), der sehr kontroverse Reaktionen hervorrief, vor allem von Seiten solcher Pastoren, die sich durch den Vortrag (zu Recht oder zu Unrecht) kritisch angesprochen fühlten, liegt in diesem Buch erstmals in gedruckter Form vor. Wie schon bei der Predigt über Römer 13 habe ich auch hier bewusst darauf verzichtet, den Wortlaut des Vortrags zu stark anzupassen, um den Charakter als Vortrag zu erhalten.

Bei der Konferenz des ACCH stellte ich der Öffentlichkeit zudem eine Erklärung vor, an der ich bereits seit dem Frühjahr 2021 zusammen mit Dr. Paul Hartwig, Pastor der Lakeside Chapel Betty's Bay, Südafrika, und Steven Lloyd, Pastor der l'Église Protestante Évangélique du Narbonnais, Narbonne, Frankreich, gearbeitet hatte und welche die staatlichen Maßnahmen aus biblischer Sicht adressieren sollte: die „Frankfurter Erklärung christlicher und bürgerlicher Freiheiten" (S. 95). Ich war selbst überrascht, wie positiv die Frankfurter Erklärung aufgenommen wurde. Fast jeder Bruder, dem ich die Erklärung vorab zuschickte, war bereit, sie als Erstunterzeichner zu unterstützen, darunter Dr. John MacArthur, Dr. James White, Dr. Voddie Baucham, Douglas Wilson, Dr. James Coates und viele andere. Zum Zeitpunkt der Abfassung dieses Vorworts haben mehr als 6 000 Christen aus aller Welt die Frankfurter Erklärung unterzeichnet.

Wenige Tage nach der Vorstellung der Frankfurter Erklärung veröffentlichte Ben Zeisloft am 6. September 2022 im amerikanischen The Daily Wire den Artikel „Christen gegen Machtmissbrauch: Theologen auf der ganzen Welt unterzeichnen Erklärung gegen staatliche Lockdowns" (S. 101), welcher mit freundlicher Genehmigung von The Daily Wire in diesem Buch erstmals auf deutsch erscheint. Der Artikel ist vor allem deshalb interessant, weil Ben Zeisloft fünf Erstunterzeichner der Frankfurter Erklärung, namentlich Dr. Joe Boot, Dr. James White, Tim Stephens, Dr. John MacArthur und mich, gebeten hatte, jeweils zu einem der fünf Artikel der Frankfurter Erklärung ein paar erläuternde Gedanken zu verfassen.

Besonders freute ich mich darüber, dass Dr. John MacArthur, Pastor der Grace Community Church, Sun Valley, Kalifornien, USA, einen Tag darauf, am 7. September 2022, auch noch einen eigenen Artikel veröffentlichte, in dem er die Gründe für seine Unterstützung der Frankfurter Erklärung näher darlegte. Der Artikel „Warum ich die Frankfurter Erklärung unterschrieben habe" (S. 107) ist mit freundlicher Genehmigung von Dr. MacArthur ebenfalls in diesem Buch abgedruckt.

Da die Frankfurter Erklärung international Beachtung fand, wurde ich von der englischen Zeitung „Evangelical Times"[1] gebeten, einen Artikel zu schreiben, warum ich die Frankfurter Erklärung für nötig halte. Der Artikel wurde am 17. Oktober 2022 zunächst in der Evangelical Times und im November 2022 auch von G3 Ministries in den USA und von Caldron Pool in Australien veröffentlicht. In diesem Buch erscheint der Artikel „Warum die Frankfurter Erklärung nötig ist" (S. 110) erstmals auf deutsch.

Bei dem letzten Beitrag dieses Buches handelt es sich um eine kurze Ansprache (S. 118), welche ich am 17. November 2022 bei der „Church At War"-Konferenz in Waterloo, Ontario, Kanada, hielt. Bei dieser Konferenz kamen die kanadischen Pastoren zusammen, die sich während der Corona-Zeit standhaft dem staatlichen Unrecht widersetzt hatten und dafür gewürdigt worden waren, teilweise durch Gefängnis, teilweise durch Strafzahlungen in Millionenhöhe, teilweise durch Exkommunizierung durch ihre eigene Denomination, für den Herrn leiden zu dürfen. Hierzu zählen unter anderem Dr. James Coates, Tim Stephens, Jacob Reaume, Dr. Aaron Rock und Steven Richardson. Die Gleichgesinntheit unter den Brüdern und die geistliche Einheit in der Beurteilung der Corona-Geschehnisse war eine große Ermutigung für mich, wie ich sie bei geistlichen Leitern in Deutschland kaum gefunden habe. Meine dortige Ansprache möchte ich dem Buch beifügen, um die Bedeutung dieser kanadischen Pastoren zu würdigen. Denn es waren ihr Mut und ihre Treue, die mich ermutigten, meine Stimme öffentlich zu erheben.

Es ist meine Hoffnung, dass die in diesem Buch gesammelten Beiträge Christen, die in der Corona-Zeit den Narrativen des Staates geglaubt und sich seinen ungerechten Anordnungen gefügt haben, zum Nachdenken anregen und zur Treue und Standhaftigkeit ermutigen mögen, damit sie bei künftigen Übergriffen des Staates dem Kaiser nicht geben, was Gottes ist. Zudem hoffe ich, dass dieses Buch als Zeitzeuge dienen möge, dass es Widerstand seitens der Kirche Christi gegen das Unrecht der Corona-Zeit gab, auch wenn dieser nur auf verhältnismäßig wenige beschränkt gewesen war.

Abschließend möchte ich die Gelegenheit nutzen, um zuerst meiner lieben Frau Nicole zu danken. Meine öffentliche Positionierung in der Corona-Zeit war mit manchen Ängsten und Angriffen verbunden, oft von falschen Brüdern, teilweise aber auch von Brüdern, von denen man es nicht erwartet hätte. Das blieb nicht ohne Auswirkung auf meinen Gemütszustand. Meine Frau stand mir in dieser Zeit stets zur Seite und trug alles mit. Danken möchte ich auch meinem Mitpastor Peter Schild, der nicht nur mutig und standhaft jeden Schritt des Weges mit mir gegangen ist, sondern der auch oft als mein Hirte gefordert war und dabei viel Geduld und Verständnis bewies und mich stets auf Christus verwies. Schließlich gilt mein Dank meiner Gemeinde. Selbst wenn von vielen Seiten Angriffe kamen, konnte ich mir ihrer Liebe und Unterstützung stets gewiss sein.

Letztendlich gilt mein Dank aber vor allem meinem Gott, der mich durch unzählig viele Gnadenerweise gestärkt und gestützt hat und sogar Brüder aus fernen Ländern, wie den USA oder Kanada, gebrauchte, um Seinen unnützen Knecht zu ermutigen. Möge Sein Reich sich ausbreiten, bis es die ganze Erde erfüllt! Ihm, meinem Herrn und Gott, Jesus Christus, dem König der Könige und Herrn der Herren, sei Ehre und ewige Macht!

Tobias Riemenschneider
Im Dezember 2022

Teil 1

Jesus im Mittelpunkt behalten – gerade wegen Corona

Biblische Widerlegung des Thesenpapiers
„Jesus im Mittelpunkt behalten – trotz Corona"

Tobias Riemenschneider und Peter Schild

Mit dieser Stellungnahme wenden wir uns gegen das als biblischen Leitfaden und Argumentationshilfe gedachte Thesenpapier „Jesus im Mittelpunkt behalten – trotz Corona" von Michael Kotsch, Wilfried Plock, Matthias Swart, Marco Vedder u. a., welches in der aktuellen zweiten Fassung am 25. November 2020 erschien, uns aber erst kürzlich zur Kenntnis gelangte. Da das Thesenpapier eine Vielzahl theologischer Mängel aufweist, befürchten wir, dass dadurch biblische Wahrheiten verdunkelt und so die Gewissen mancher Christen betrübt werden, und sehen es deshalb als unsere Pflicht, den gravierendsten theologischen Fehleinschätzungen des Thesenpapiers eine biblische Sichtweise entgegenzusetzen. Zu den im Thesenpapier genannten Thesen stellen wir die folgenden Antithesen auf:

1. Es ist die heilige Pflicht der Gemeinde, das Unrecht im Staat zu benennen, die Sünden der Regierenden bloßzustellen und sie zur Umkehr von ihren bösen Werken aufzurufen.
2. Bestimmte staatlich verordnete Corona-Auflagen für die Gemeinden verstoßen gegen Gottes Gebote und verletzen die Gewissen vieler Christen, indem der Staat in unzulässiger Weise in den Herrschaftsbereich Christi über die Gemeinde eingreift.
3. Alle Christen sind daher aufgerufen, Gott mehr zu gehorchen als Menschen und sich dem Unrecht in gottesfürchtiger Weise zu widersetzen[2], auch wenn dies staatliche Verfolgung nach sich ziehen kann.

Im Folgenden werden wir diese Antithesen biblisch belegen.

1. Die heilige Pflicht der Gemeinde

Zurecht weisen die Unterzeichner des Thesenpapiers darauf hin (Ziff. 2), dass es sich bei Gemeinde und Staat um zwei getrennte Herrschaftsbereiche Gottes handelt. Jedoch verkennen sie den Umfang und die Grenzen dieser Herrschaftsbereiche. So sind sie offenbar der Auffassung, dass sich die Gemeinde aus der Politik, also den Angelegenheiten des Staates, weitgehend herauszuhalten habe. In dem Thesenpapier heißt es dazu, dass Älteste „keine Parteipolitik betreiben" sollten und dass ethisch falsche oder zweifelhafte Gesetze des Staates, die dem Christen aber die Möglichkeit lassen, richtig zu handeln, nicht bekämpft werden müssten; die Bibel erkläre es nirgendwo zu unserer Pflicht, die Regierung zu kontrollieren oder Widerstand gegen fragwürdige Entscheidungen zu leisten.

Dabei verkennen die Unterzeichner die heilige Pflicht der Gemeinde, das Wort Gottes allen Menschen zu verkündigen. Biblische Verkündigung bedeutet aber auch, Unrecht aufzuzeigen, von Sünde zu überführen und alle Menschen, auch die Regierenden, zur Umkehr von ihren bösen Werken und zum Gehorsam gegenüber Gottes Geboten aufzurufen (Mt 28,19.20; Apg 17,30). Als Christen dürfen wir nichts gemein haben mit den unfruchtbaren Werken der Finsternis, sondern müssen sie vielmehr bloßstellen (Eph 5,11). Die Waffe für diesen Kampf gegen Finsternis und Bosheit, das ist Gottes Wort, (Eph 6,17) hat der HERR Seiner Gemeinde nicht umsonst verliehen.

Von je her haben diejenigen, die das Wort Gottes verkündigten, diese heilige Pflicht erfüllt: Der Prophet Nathan konfrontierte König David wegen seines Ehebruchs mit Batseba und des Mordes an Uria; der Prophet Elia konfrontierte König Ahab wegen seines Götzendienstes und der Konfiszierung des Weinbergs des Nabot, und der Prophet Johannes der Täufer konfrontierte König Herodes nicht nur wegen dessen gesetzeswidriger Ehe, sondern wegen alles Bösen, das er getan hatte, um nur einige Beispiele zu nennen. Dem Propheten Jesaja gebietet der HERR: „Rufe aus voller Kehle, halte nicht zurück! Erhebe deine Stimme wie ein Horn und verkünde meinem Volk sein Vergehen und dem Haus Jakob seine Sünden!" (Jes 58,1). Auch heidnischen Nationen und Königen verkündigten die Propheten Gericht über ihre bösen Werke. So forderte Daniel den König Nebukadnezar auf: „Darum, König, lass dir meinen Rat gefallen und brich mit deinen Sünden durch Gerechtigkeit und mit deinen Vergehen durch Barmherzigkeit gegen Elende, wenn dein Wohlergehen von Dauer sein soll!" (Dan 4,24). Heute ist es die Aufgabe der Gemeinde, hinzugehen und alle Nationen zu Jüngern zu machen, sie zu taufen und sie zu lehren, alles zu bewahren, was Christus uns geboten hat (Mt 28,19.20). Dazu gehört auch, den Menschen zu gebieten, dass sie alle überall Buße tun sollen (Apg 17,30). Dies schließt auch die Regierenden mit ein. So verkündigte der Apostel Paulus dem Statthalter Felix auch Gerechtigkeit, Enthaltsamkeit und das kommende Gericht (Apg 24,24.25).

Wenn der Apostel Paulus schreibt, dass der Staat eine Dienerin Gottes ist, die den, der Gutes tut, loben und den, der Böses tut, strafen soll, um damit Gottes Zorn auszuführen (Röm 13,3-6), dann ist es unerlässlich, auch den Staatsdienern zu verkündigen, was Gott, ihr Herr, dem sie dienen sollen, von ihnen erwartet und was in Seinen Augen gut und zu loben oder böse und zu strafen ist. Wer sollte aber den Regierenden den Willen Gottes in Bezug auf ihre Amtsausübung kundtun, wenn nicht die Gemeinde, der das Wort Gottes anvertraut ist, die Säule und Fundament der Wahrheit ist (1Tim 3,15)? Zudem haben wir das Gebot, die Regierenden zu ehren. Ist es etwa Ehrerbietung, wenn wir die Regierenden ins Verderben laufen lassen, ohne sie davor zu warnen, dass sie sich durch ihre treulose Amtsführung den Zorn Gottes aufhäufen?

Daher ist es der Gemeinde nicht nur erlaubt, sondern es ist ihre heilige Pflicht, Unrecht und Bosheit vonseiten der Regierenden als Sünde bloßzustellen und sie – mit der nötigen Ehrerbietung (Apg 23,3-5) – zur Umkehr aufzurufen, wenn sie ihrer Aufgabe als Gottes Dienerin nicht gerecht werden, sondern sich gegen Gott auflehnen, indem sie etwa – um ein Beispiel des Thesenpapiers aufzugreifen – die sogenannte „Ehe" für alle beschließen. Hierzu darf die Gemeinde nicht schweigen! Gegen Unrecht die Stimme zu erheben, hat nichts mit Parteiwerbung zu tun, sondern mit Gottesfurcht und Nächstenliebe. Letztlich müssen wir uns die Frage stellen, ob die derzeitigen Umstände und die überhandnehmende Gesetzlosigkeit in der Politik nicht auch deshalb über uns kommen, weil die Gemeinden zu lange zu der Gottlosigkeit und den Gräueln des Staates geschwiegen haben.

Die Behauptung, „ethisch falsche oder zweifelhafte Gesetze, die dem Christen aber die Möglichkeit lassen, richtig zu handeln", müssten nicht bekämpft werden, wirkt auf uns naiv. Die Unterzeichner nennen doch selbst das Beispiel der „Ehe" für alle. Erkennen sie denn nicht, welcher Geist hinter solchen Gesetzen steht und dass dieser sich nicht mit der „Ehe" für alle begnügt? Haben sie nicht gehört, wozu diese Entwicklungen in anderen Ländern bereits geführt haben, wenn dort unsere Brüder und Schwestern strafrechtlich verfolgt werden, bspw. weil sich ein christlicher Bäcker weigert, einen Kuchen für eine solche „Hochzeit" zu backen, oder sich eine christliche Standesbeamtin weigert, Trauscheine für solche „Ehen" auszustellen? Viele weitere Beispiele ließen sich aufführen.

2. DAS GEGENWÄRTIGE UNRECHT

Die Unterzeichner des Thesenpapiers sind der Auffassung, dass gewisse staatliche Corona-Auflagen für die Gemeinden von diesen zu beachten seien. Dies begründen sie auf zwei Weisen: zum einen falle der Erlass solcher Maßnahmen in den Herrschaftsbereich des Staates, zum anderen stünden die Maßnahmen Gottes Geboten nicht entgegen. Beide Begründungen sind fehlerhaft.

Die Unterzeichner behaupten zum einen (Ziff. 3), dass die alleinige Grenze für den Gehorsam gegenüber der Regierung der „direkte Konflikt" mit einer „klaren Forderung" des Wortes Gottes sei. Beim Widerstand gegen den Staat gehe es „primär um unveräußerliche Glaubensinhalte". Leider bleibt unklar, was genau die Unterzeichner mit diesen Begriffen, die sich jedenfalls nicht in der Bibel finden, meinen. Darf man etwa „indirekt" gegen Gottes Wort verstoßen? Welche Forderungen des Wortes Gottes sind „unklar" und müssen deshalb nicht befolgt werden? Und welche Glaubensinhalte betrachten die Unterzeichner als „veräußerlich"? Wir möchten jedenfalls festhalten, dass es für uns keine veräußerlichen Glaubensinhalte gibt, und würden erwarten, dass jeder bibeltreue Christ dem zustimmt.

Die Unterzeichner kommen dann zu dem Ergebnis, dass es sich bei den Corona-Auflagen für die Gemeinden (z. B. Maske, Abstand, Teilnehmerzahlen) um untergeordnete Fragen handele; solche „zeitlich begrenzten Verordnungen zu äußeren Bedingungen und Formen der Gemeindeveranstaltungen" verstießen nicht grundsätzlich gegen biblische Gebote. Auch wenn es sich um ein Thesenpapier handelt, ist es doch sehr verwunderlich, dass die Unterzeichner nicht einmal ansatzweise versuchen, diese alles entscheidende These biblisch zu belegen.

Uns ist unverständlich, wie man die geistliche Dimension der Maßnahmen nicht erkennen und sie als bloße Äußerlichkeiten abtun kann. Sehen die Unterzeichner denn nicht, dass die großen Gewissensnöte vieler gottesfürchtiger Christen und die „erheblichen Spannungen in den Gemeinden" eben nicht einfach durch „zeitlich begrenzte" (teilweise bereits ein Jahr andauernde!) Eingriffe in die „äußeren Bedingungen und Formen der Gemeindeveranstaltungen" verursacht werden? Diese Gewissensnöte entstehen vielmehr dadurch, dass diese Maßnahmen sehr wohl gegen Gottes Gebote verstoßen. Dass die Unterzeichner dies nicht erkennen, liegt an ihrer Fehleinschätzung, es handele sich nicht um einen Verstoß gegen eine „klare Forderung" des Wortes Gottes. Was sie wohl tatsächlich hiermit meinen, ist ein Verstoß gegen ein „ausdrückliches" Gebot, denn die Schrift ist nie „unklar". Sofern die Schrift also nicht das explizite Gebot enthalte „Du sollst am Sonntag persönlich vor Ort mit der ganzen versammelten Gemeinde Gottesdienst feiern, ohne Maske und ohne Abstand", bestehe keine „klare Forderung" des Wortes Gottes.

Eine solche Herangehensweise an das Wort Gottes ist unverständig. Denn nicht nur explizite, sondern auch implizite Forderungen des Wortes Gottes sind für Christen bindend. Lehrt uns dies nicht unser Herr selbst, wenn er erläutert, dass das explizite Gebot „Du sollst nicht töten" auch das implizite Gebot „Du sollst deinem Bruder nicht zürnen" oder das explizite Gebot „Du sollst nicht ehebrechen" auch das implizite Gebot „Du sollst eine Frau nicht ansehen, sie zu begehren" beinhaltet?

So offenbart die Auffassung der Unterzeichner, Begrenzungen der Teilnehmerzahl verstießen nicht gegen biblische Gebote, ein mangelhaftes Verständnis von Gemeinde. Die Gemeinde ist der Leib Christi, und jedes Mitglied der Gemeinde ist ein Glied an diesem Leib. Die Versammlung zum Gottesdienst ist die Versammlung des ganzen Leibes, nicht nur einiger Körperteile. Die Schrift enthält ausdrückliche Gebote, die Zusammenkommen nicht zu versäumen (Hebr 10,25). (Ein Livestream ist kein Zusammenkommen und keine Versammlung.) Es ist kaum abzuschätzen, welche geistlichen Schäden Gemeinden bereits erlitten haben und noch erleiden werden, die sich mittlerweile seit einem Jahr nicht mehr als ganze Gemeinde versammeln und auch nicht mehr gemeinsam das Herrenmahl feiern, das doch zur Stärkung des ganzen Leibes Christi dienen soll.

Zudem beeinträchtigen Teilnehmerzahlbegrenzungen die Verkündigung des Wortes. Denn es ist nicht nur eine Beeinträchtigung, wenn der Inhalt der Verkündigung eingeschränkt wird, sondern auch wenn die Anzahl der möglichen Hörer eingeschränkt wird. Und sind Teilnehmerzahlbegrenzungen nicht eine grobe Lieblosigkeit gegenüber denen, für die kein Platz mehr ist und die daher zuhause bleiben müssen? Wie kann der Staat es wagen, sich anzumaßen, zu bestimmen, wie viele Menschen sich versammeln dürfen, um Gott, den Schöpfer Himmels und der Erde, anzubeten? Ist dies wirklich eine „untergeordnete" Frage?

Keine untergeordnete Frage ist dies jedenfalls für James Coates, Pastor der GraceLife Church in Edmonton, Kanada. Pastor Coates hat verstanden, dass die geltenden Teilnehmerzahlbegrenzungen sehr wohl gegen Gottes Gebote verstoßen, und hielt trotz Drohungen der Behörden Gottesdienste mit der ganzen Gemeinde. Für seine mutige Treue zum Wort Gottes sitzt der Familienvater nun im Gefängnis. Als der Satan ihn dort versuchte und man ihm anbot, er könne sofort freikommen, wenn er nur verspreche, sich an die Corona-Auflagen zu halten, lehnte er ab. Seine Frau hat verstanden, dass ihr Mann dies aus Liebe zu seinem Herrn und Retter tut, und kommentierte die Entscheidung ihres Mannes, im Gefängnis zu bleiben, mit den Worten: „Dafür liebe ich ihn." Der HERR belohne unseren Bruder James Coates und seine Familie! Wenn die Unterzeichner des Thesenpapiers konsequent sind, müssen sie vertreten, dass der Staat zurecht gegen Pastor Coates vorgehe, weil er schuldig sei, sich in sündhafter Weise dem Staat widersetzt zu haben, obwohl dessen Maßnahmen nicht gegen biblische Gebote verstießen. Wollen die Unterzeichner diesen Weg wirklich gehen?

Erstaunlich ist, dass die Unterzeichner nicht auf das staatliche Verbot von Gemeindegesang eingehen, welches auch zum Zeitpunkt der Veröffentlichung des Thesenpapiers in einigen Bundesländern bereits seit mehr als einem halben Jahr galt. Passt dieses Verbot etwa nicht zur Stoßrichtung des Thesenpapiers, weil hier offensichtlich nicht geleugnet werden kann, dass die Schrift voll ist von „klaren" Forderungen betreffend das Singen (vgl. nur Ps 47,7)? Wäre nach Sicht der Unterzeichner hier Widerstand geboten? Denn welche Autorität hat der Staat, dem HERRN Seinen Ruhm in Seinen Lobgesängen zu verwehren? Das Singen gehört zum unverzichtbaren Bestandteil der biblischen Anbetung.

Aber auch die Maskenpflicht und die Abstandsregeln für den Gottesdienst können die Gewissen der Christen verletzen. Denn sind wir nicht aufgefordert, einander zu grüßen mit heiligem Kuss (Röm 16,16; 1Kor 16,20; 2Kor 13,12; 1Thess 5,26; 1Petr 5,14) und einander Bruderliebe auszudrücken? Selbstverständlich kann man eine Zeit lang Abstand halten, wenn man krank ist, um niemanden anzustecken. Aber staatlich verordnete maskierte Distanz über Monate und womöglich Jahre hinweg? Es ist uns ein Rätsel, wie man nicht erkennen kann, dass dies beträchtlichen geistlichen und seelischen Schaden nach sich zieht. Die Unterzeichner schreiben doch selbst, dass sie mit großen seelsorgerlichen Aufgaben konfrontiert sind. Wir können dies gut nachvollziehen, denn wir haben mit denen geweint, die unter der Einsamkeit und Entfremdung leiden oder die verzweifeln, weil ihre Gemeinde sich seit einem Jahr nur mit Abstand und Maske versammelt oder gar nicht mehr. Verstößt dies nicht gegen das Gebot, einander zu lieben und sich herzlich einander zu erbarmen?

Und was, wenn jemandes Gewissen verletzt ist, wenn er seinem Gott und seinen Geschwistern monate- und vielleicht jahrelang nur maskiert begegnen soll – eigentlich etwas, was in uns naturgemäß Misstrauen, Unbehagen und Ängste auslöst? Was, wenn er es als lieblos erachtet, seinen Geschwistern durch Abstand und Maske den Eindruck zu vermitteln, er hielte sie für eine Gefahr für Leib und Leben, vor der er sich schützen müsse? Was, wenn seine Gottesfurcht es ihm verbietet, seinen Herrn mit verdecktem Gesicht anzubeten? Sind dies keine nachvollziehbaren Gründe, weshalb ein Christ durch sein Gewissen gezwungen sein kann, sich diesen Maßnahmen zu widersetzen? Wäre es ihm nicht Sünde, wenn er sich gleichwohl an diese Maßnahmen hielte? Daher ist es Unrecht, wenn Pastoren die Einhaltung von Menschengeboten zur Bedingung für die Teilnahme an der gottesdienstlichen Anbetung machen und dadurch über die Gewissen ihrer Schafe herrschen.

Die Unterzeichner behaupten zum anderen (Ziff. 2), dass die staatlichen Ordnungen auch für die Gemeinde gelten und der Herrschaftsbereich des Staates erst dort ende, wo es um die Auslegung der Bibel oder die geistlichen und ethischen Bereiche des Gemeindelebens gehe; in allen „äußeren" Aspekten müssten sich die Gemeinden staatlichen Regeln beugen; das Thesenpapier nennt einige Beispiele hierfür (Bau, Arbeitsrecht, Sicherheit, Finanzrecht, Strafrecht).

Wie bereits oben dargelegt, ist es für uns nicht nachvollziehbar, wie die Unterzeichner die geistliche und ethische Dimension der Corona-Auflagen nicht erkennen und der Auffassung sein können, es handele sich bei diesen schlicht um äußere Aspekte, vergleichbar etwa dem Baurecht. Uns ist jedenfalls nicht bekannt, dass Christen jemals wegen staatlicher Vorgaben zur Errichtung eines Notausgangs oder Aufhängen eines Feuerlöschers in Gewissenskonflikte gerieten. Der Grund hierfür ist, dass die im Thesenpapier richtigerweise genannten Beispiele gerade nicht *unmittelbar* die Umstände des Gottesdienstes betreffen, denn in solchen Dingen hat der Staat keine gottverliehene Autorität. Anderenfalls könnte der Staat viel zu leicht die Ausübung des Glaubens behindern, indem er bspw. die Teilnehmerzahl für Gottesdienste dauerhaft auf zehn Personen beschränkt. Dann handelt der Staat aber nicht innerhalb seines Herrschaftsbereichs, sondern als Tyrann. Dem gilt es zu wehren!

Wenn der Staat erst einmal in den Herrschaftsbereich der Gemeinde eingedrungen ist, wie wollen wir wissen, ob er seinen Herrschaftsbereich nicht Schritt für Schritt immer weiter ausdehnen und den Gemeinden immer mehr Vorgaben machen wird? Wir sind besorgt darüber, wie bereitwillig Gemeinden ihre Freiheiten aufgeben, für deren Erstreitung unsere Brüder und Schwestern in vergangenen Jahrhunderten gekämpft, gelitten und teilweise ihr Leben gelassen haben. Es ist gerade ein Ausdruck von Nächstenliebe und Liebe zu unseren Kindern und Enkelkindern, dass man eifersüchtig über die Freiheiten der Gemeinde und seines Nächsten wacht.

Besonders erstaunt es uns, dass einige Christen sogar meinen, dem Staat dankbar sein zu müssen, dass er überhaupt wieder Gottesdienste „erlaube". In einem Leserkommentar zum Thesenpapier heißt es etwa: „Volle Zustimmung! Der Staat gönnt zudem der Kirche (...) auch in den aktuellen

Maßnahmen viele Privilegien (…)." Solche Aussagen offenbaren ein grundlegend falsches Verständnis von Staat, welches zwar so im Thesenpapier nicht ausdrücklich vertreten, aber dadurch doch gefördert wird. Nicht der Staat ist es, der es uns gnädiger Weise unter vielen Einschränkungen gönnt, Gottesdienst zu feiern, sondern dies ist unser von Gott gegebenes Recht. Der Staat ist als Gottes Dienerin verpflichtet, die ungestörte Ausübung dieses Rechtes zu gewährleisten. Wir sollten nicht dem Staat danken, dass er uns Gottesdienste „erlaubt", sondern der Staat sollte sich fürchten, in die Anbetung Gottes einzugreifen. Unser Dank gebührt allein Gott, dass er unseren Staat noch zurückhält, sodass dieser die Gemeinde nicht so verfolgen kann, wie es anderenorts geschieht.

Nun könnte man aber einwenden, dass Christen bei gegenwärtiger Gefahr für Leib und Leben sehr wohl bestimmte Aspekte des Gottesdienstes modifizieren können, um sich und andere zu schützen. Die Corona-Maßnahmen müssen daher auch vor dem Hintergrund der tatsächlichen epidemiologischen Situation bewertet und die Frage beantwortet werden, ob derzeit ein Gottesdienstbesuch ohne Teilnehmerzahlbegrenzung, Abstand und Maske eine konkrete und gegenwärtige Gefahr für Leib und Leben der Gottesdienstbesucher darstellt.

Die Unterzeichner behaupten diesbezüglich (Ziff. 5), die Lage sei unübersichtlich. Daher dürften Christen entscheiden, welchen Medizinern oder Politikern sie Vertrauen schenken, und sollten eine Haltung der Demut und Korrekturbereitschaft an den Tag legen. Wir glauben nicht, dass durch diese Einschätzung der Lage die Wahrheit geehrt wird. Wir verstehen, wenn die Lage auf einzelne Christen unübersichtlich wirken mag, gerade wenn man sich dem Einfluss gewisser Medien oder der Gottlosen aussetzt und in der Gemeinde keinen Gegenpol hierzu findet. Aber es ist die Aufgabe der Pastoren, sich umfassend zu informieren und auf Grundlage der erlangten Erkenntnisse die Lage zu beurteilen, um ihre Schafe recht zu führen. Unwissenheit ist keine tugendhafte Demut, sondern Torheit.

Zum Zeitpunkt der Veröffentlichung des Thesenpapiers lagen zahlreiche wissenschaftliche Studien, Zahlen und Fakten aus aller Welt vor, die eine sehr realistische Einschätzung sowohl der Gefährlichkeit des Coronavirus' als auch der Wirksamkeit und Angemessenheit der staatlichen Maßnahmen ermöglichten. Wir ermutigen dazu, sich hierüber selbst kritisch zu informieren. Gerade weil die Gefahrenlage nicht mehr unübersichtlich, sondern mittlerweile gut einschätzbar war, begann Dr. John MacArthur, Pastor der Grace Community Church in Los Angeles, USA, im Juli 2020 entgegen den Verordnungen des Staates Kalifornien und unter Androhung von Gefängnis, wieder Gottesdienste mit der gesamten Gemeinde zu feiern

– wofür er von einigen Unterzeichnern des Thesenpapiers öffentlich kritisiert wurde.

Namentlich der Mitinitiator Michael Kotsch hat Dr. John MacArthur unlautere Beweggründe für dessen Entscheidung unterstellt, indem er in einem Video auf seinem YouTube-Kanal behauptete, Dr. MacArthur ginge es „möglicherweise (…) weit weniger um die Anordnungen Jesu, als um das Geschäftsmodell der Grace Community Church", und hinzufügte, dass Dr. MacArthur auch schon in der Vergangenheit „deutliche biblische Aussagen uminterpretiert" habe, „weil sie nicht zu den Interessen seiner Gemeindearbeit passten".[3] Da wir nicht davon ausgehen, dass Herr Kotsch die Gabe besitzt, die Gedanken und Gesinnungen des Herzens von Dr. MacArthur zu ergründen, weisen wir ihn für diese öffentlich begangene Sünde der üblen Nachrede hiermit auch öffentlich zurecht: „Wer bist du, der du den Hausknecht eines anderen richtest?" (Röm 14,4).

Unabhängig davon, wie man nun die gegenwärtige Lage einschätzt, muss bei Entscheidungen über Maßnahmen in Bezug auf den Gottesdienst stets eine Abwägung erfolgen zwischen den Risiken für Leib und Leben und den Risiken für Geist und Seele – zu einer solchen Abwägung ist der Staat aber nicht qualifiziert, da er die geistlichen Belange nicht verstehen und beurteilen kann. Die Pastoren müssen sich vergegenwärtigen, dass sie über die Seelen ihrer Schafe wachen sollen als solche, die Rechenschaft geben werden (Hebr 13,17).

Unverständlich ist für uns auch die Aussage des Thesenpapiers, dass Christen entscheiden dürften, welchen Politikern sie „Vertrauen schenken". Sollten Christen gottlosen Politikern wirklich vertrauen und nicht vielmehr deren Aussagen kritisch prüfen, ob sie auch der Wahrheit entsprechen? Haben die Unterzeichner nicht verstanden, dass das Denken und Handeln eines jeden Menschen geprägt ist von geistlichen Einflüssen, entweder vom Geist der Wahrheit oder vom Geist des Irrtums (1Joh 4,6)? Dass man entweder mit Christus ist oder gegen ihn (Lk 11,23)? Dass es in dieser Welt nur zwei Arten von Menschen gibt: Gläubige und Ungläubige (2Kor 6,15), Licht und Finsternis (2Kor 6,14), die Kinder Gottes und die Kinder des Teufels (1Joh 3,10)?

Haben die Unterzeichner nicht gelesen, wie unser Herr spricht, dass die Kinder des Teufels die Begierden ihres Vaters tun wollen, der ein Menschenmörder und der Vater der Lüge ist (Joh 8,44)? Trifft das nicht auf die Politiker zu, welche die Ermordung von jährlich 100.000 ungeborenen Kindern in unserem Land für Recht erklären und als „reproduktive Gesundheit/Gerechtigkeit" bezeichnen, die Wahrheit verleugnen über die Natur von Ehe, Familie, Geschlecht, Sexualität, ja, die ihren Schöpfer selbst verleugnen?

Gott hat dem Staat die Aufgabe verliehen, als Seine Dienerin den, der Gutes tut, zu loben, und den, der Böses tut, zu strafen (Röm 13,3-6). Ist es nicht offenkundig, dass der Staat diese Aufgabe immer weniger erfüllt und sich diese Entwicklung gerade in den letzten Monaten drastisch beschleunigt hat? Dass der Staat immer mehr das Böse gut nennt und das Gute böse (Jes 5,20)? So wurde am selben Tag, an dem die aktuelle Fassung des Thesenpapiers erschien, am 25. November 2020, unser Bruder Pastor Olaf Latzel vom Staat wegen Volksverhetzung verurteilt, weil er biblische Wahrheiten verkündigt hatte.

Zeigt sich nicht auch in der gegenwärtigen Krise, dass die Regierenden keine Scheu zeigen, Maßnahmen zu beschließen, die offenkundig böse sind, wenn sie uns sogar solche Rechte nehmen, die allen Menschen von Natur aus als im Bilde Gottes geschaffenen Kreaturen zukommen? Wenn sie etwa unzähligen Menschen über Monate hinweg verbieten, ihrer Arbeit nachzugehen, obwohl Gott gebietet, dass der Mensch arbeiten und seine Familie versorgen soll? Wenn Menschen bestraft werden, weil sie Familienmitglieder besuchen und in den Arm nehmen, ihre Hochzeit feiern oder von einem geliebten Menschen bei seiner Beerdigung Abschied nehmen? Wenn ein Vater nicht bei der Geburt seines Kindes dabei sein oder eine Tochter nicht die Hand ihrer sterbenden Mutter halten darf? Viele weitere Beispiele ließen sich nennen. Gerade wenn Politiker behaupten, dies alles sei zu unserem Schutz notwendig, sollten wir an die Worte unseres Herrn denken: „Die Könige der Nationen herrschen über sie, und die Gewalt über sie üben, lassen sich Wohltäter nennen." (Lk 22,25).

Wie sollen wir nun aber mit den ängstlichen Geschwistern umgehen, denen man laut dem Thesenpapier (Ziff. 6) in der Corona-Zeit ganz besonders entgegenkommen solle? Sollte man aus Liebe und Rücksicht auf solche die Maßnahmen vielleicht doch einhalten?

Die Unterzeichner schreiben selbst (Ziff. 1), dass Menschen letztlich nicht an einer Krankheit oder einem Unfall sterben, sondern am Willen bzw. an der Zulassung Gottes. Die Bibel lehrt uns sogar, dass der HERR von Anfang an bestimmt hat, an welchem Tag wir sterben werden (Ps 139,16). Und unser Herr stellt die rhetorische Frage: „Wer aber unter euch kann mit Sorgen seiner Lebenslänge eine Elle zusetzen?" (Mt 6,27; Lk 12,25). Ermahnt unser Herr uns nicht immer wieder, uns nicht zu fürchten, auch nicht vor dem Tod? Ist Sterben nicht unser Gewinn, und sollten wir nicht Lust haben, abzuscheiden und bei Christus zu sein (Phil 1,21.23)? Hat Christus uns nicht alle befreit, die wir durch Todesfurcht das ganze Leben hindurch der Knechtschaft unterworfen waren (Hebr 2,15)?

Selbstverständlich kann ein Christ Angst vor Krankheit oder Tod haben, und wir sollen den Herrn, unseren Gott, nicht leichtsinnig versuchen. Aber wir dürfen nicht in einem Zustand stetiger Furcht leben und aus Sorge um unser Leben sogar die Gebote Gottes vernachlässigen. Wie kommen wir also ängstlichen Geschwistern in rechter Weise entgegen? Wie lieben wir sie als Brüder? Indem wir ihre Angst, die letztlich Ausdruck ihres Kleinglaubens ist, akzeptieren und sie darin bestätigen? Oder indem wir ihnen helfen, ihre Angst durch die Wahrheit und den Glauben zu überwinden?

3. Aufruf zur Treue

Die Unterzeichner sollten sich prüfen, ob ihre theologische Weltsicht tatsächlich allein von der Bibel bestimmt ist oder nicht eher von weltlichem, säkularem Denken und Pragmatismus, damit sie nicht die Verfolgung durch den Staat auf sich ziehen. Aber schreibt nicht der Apostel Paulus: „Alle aber auch, die gottesfürchtig leben wollen in Christus Jesus, werden verfolgt werden?" (2Tim 3,12). Wenn wir uns dem Staat stets unterordnen und einen Kompromiss nach dem anderen eingehen, werden wir wohl der Verfolgung entgehen, aber unser Zeugnis für Christus Jesus wird leiden.

Besonders fassungslos sind wir darüber, dass einige Unterzeichner des Thesenpapiers in anderen Veröffentlichungen solche Christen, die durch Gottes Wort und ihr Gewissen überführt sind, sich dem Staat widersetzen zu müssen, öffentlich tadeln und ihnen teilweise böse Motive unterstellen. Wir stellen hiermit klar, dass wir diesbezüglich fest an der Seite unserer geliebten Brüder John MacArthur und James Coates stehen und all derer, die wegen ihrer Gottesfurcht verfolgt werden. Wir ermahnen die Unterzeichner eindringlich, sich gut zu überlegen, auf welcher Seite sie stehen wollen.

Wir ermutigen alle Christen, sich nicht einfangen zu lassen von dem Wahn, welcher die ganze Welt ergriffen hat und die Menschen in steter Todesfurcht knechtet, sondern mutig ihre Hoffnung auf Christus zu setzen, der das Leben ist. Lasst uns ein Zeugnis sein in dieser dunklen Zeit, indem wir die Wahrheit lieben und uns in herzlicher Bruderliebe begegnen! Lasst uns unser ganzes Denken reformieren durch das Wort Gottes, damit wir eine biblische Weltsicht erlangen, indem wir jeden Gedanken gefangen nehmen unter den Gehorsam Christi (2Kor 10,5)! „Und seid nicht gleichförmig dieser Welt, sondern werdet verwandelt durch die Erneuerung des

Sinnes, dass ihr prüft, was der Wille Gottes ist: das Gute und Wohlgefällige und Vollkommene." (Röm 12,2). Lasst uns beten für die, welche Bedrängnis oder Verfolgung leiden um des Wortes willen, damit sie ausharren bis ans Ende! Jeder Christ schaue, wie er solchen beistehen kann durch Briefe, Spenden oder Schreiben an die zuständigen Politiker!

Schließlich fordern wir alle Pastoren auf, ihre heilige Pflicht zu erfüllen und mutig gegen das Unrecht und die Sünden der Regierenden zu predigen und diese auch mündlich oder schriftlich respektvoll zur Umkehr aufzufordern! Wir ermahnen die Pastoren und die Gemeinden, nicht länger Gott die Ehre vorzuenthalten und die Gewissen der Christen durch Menschengebote zu beschweren, sondern wieder Gottesdienste zu feiern, und zwar so, wie Gott es gebietet: mit der versammelten Gemeinde, in biblisch gebotener brüderlicher Begegnung und mit freudigem Lobgesang zur Ehre des HERRN!

Gebt dem Kaiser, was des Kaisers ist, aber gebt auch Gott, was Gottes ist! Und wenn der Kaiser uns deswegen verfolgt, so wollen wir es mit Freuden leiden. Seid ermutigt, Brüder und Schwestern, unserem Herrn treu nachzufolgen in diesen letzten Zeiten, wie Er spricht: „Fürchte dich nicht vor dem, was du leiden wirst! Siehe, der Teufel wird einige von euch ins Gefängnis werfen, damit ihr geprüft werdet, und ihr werdet Bedrängnis haben zehn Tage. Sei treu bis zum Tod! Und ich werde dir den Siegeskranz des Lebens geben." (Offb 2,10). Um mit den Worten des Thesenpapiers zu schließen: Es steht zu viel auf dem Spiel.

TEIL 2

UNTERORDNUNG UND WIDERSTAND

Tobias Riemenschneider

Predigttext: Römer 13,1-7

[1] Jede Seele unterwerfe sich den übergeordneten staatlichen Mächten! Denn es ist keine staatliche Macht außer von Gott, und die bestehenden sind von Gott verordnet. [2] Wer sich daher der staatlichen Macht widersetzt, widersteht der Anordnung Gottes; die aber widerstehen, werden ein Urteil empfangen. [3] Denn die Regenten sind nicht ein Schrecken für das gute Werk, sondern für das böse. Willst du dich aber vor der staatlichen Macht nicht fürchten, so tue das Gute, und du wirst Lob von ihr haben; [4] denn sie ist Gottes Dienerin, dir zum Guten. Wenn du aber das Böse tust, so fürchte dich! Denn sie trägt das Schwert nicht umsonst, denn sie ist Gottes Dienerin, eine Rächerin zur Strafe für den, der Böses tut. [5] Darum ist es notwendig, untertan zu sein, nicht allein der Strafe wegen, sondern auch des Gewissens wegen. [6] Denn deshalb entrichtet ihr auch Steuern; denn es sind Gottes Diener, die eben hierzu fortwährend beschäftigt sind. [7] Gebt allen, was ihr ihnen schuldig seid: die Steuer, dem die Steuer; den Zoll, dem der Zoll; die Furcht, dem die Furcht; die Ehre, dem die Ehre gebührt!

EINLEITUNG

Das Thema, mit dem wir uns heute beschäftigen, spielte in unserer westlichen Welt viele Jahrzehnte eigentlich keine Rolle. In anderen Ländern der Welt sehr wohl. Fragt mal unsere Geschwister aus der ehemaligen UdSSR, wie das dort war! Aber in unserem „christlichen Abendland", das geprägt war von christlichem Denken und christlichen Werten, war die Frage des Verhältnisses zwischen Staat und Kirche oder Staat und Christ eigentlich geklärt. Die Verfassungen der Staaten der westlichen Welt enthalten bestimmte Grundrechte, zu denen auch die Religionsfreiheit gehört. So heißt es im Grundgesetz für die Bundesrepublik Deutschland in Art. 4: „Die Freiheit des Glaubens, des Gewissens und die Freiheit des religiösen und weltanschaulichen Bekenntnisses sind unverletzlich", und: „Die ungestörte Religionsausübung wird gewährleistet". Mit anderen Worten: Du darfst in unserem Land glauben, was du willst, du darfst deinen Glauben bekennen, wie du willst, und du darfst deinen Glauben ausüben, wie du willst, und der Staat hat sich da rauszuhalten. Der Staat hat keine Autorität, den Bürgern in ihren Glauben oder ihren Gottesdienst hineinzureden. Und um sicherzustellen, dass der Staat das auch nicht tun kann, wurde in unsere Verfassung das Grundrecht auf Religionsfreiheit aufgenommen. Denn Grundrechte sind Abwehrrechte des Bürgers gegen den Staat. Wenn also der Staat übergriffig werden sollte, dann kann der Bürger sich wehren, indem er dem Staat dieses Grundrecht entgegenhält und sagt: „Halt! Bis hierhin und nicht weiter!"

Und viele Jahrzehnte lang hat das ganz gut funktioniert. Aber leider ist unsere Verfassung nur ein Stück Papier. Entscheidend ist nicht so sehr, was auf dem Papier steht, sondern wie die Regierenden und Richter es auslegen und anwenden. Das Problem ist, dass unsere Verfassung einer christlich geprägten Weltsicht entspringt und deshalb auch nur in einem Staat funktioniert, der eine christlich geprägte Weltsicht hat. Und unser Staat hat das nicht mehr. Die Entchristlichung in unserem Staat ist zu weit fortgeschritten. Ein Beispiel: Art. 6 des Grundgesetzes stellt die Ehe unter den besonderen Schutz des Staates. Für die Väter des Grundgesetzes war klar, was sie damit meinen. Sie hatten eine christlich geprägte Weltsicht und daher war für sie klar: Sie wollten die Ehe zwischen einem Mann und einer Frau schützen als die Verbindung, aus der Kinder hervorgehen, die Keimzelle der Gesellschaft. Aber heute, 70 Jahre später, haben die Regierenden und Richter in unserem Land eine säkulare, gottlose, antichristliche Weltsicht. Sie leugnen, dass die Ehe eine Schöpfungsordnung ist und dass Gott definiert, was Ehe ist. Sie denken, die Ehe sei ein gesellschaftliches Konstrukt und werde von Menschen definiert. Und wenn die Gesellschaft sich ändert, könnten Menschen Ehe auch umdefinieren. Und so haben die Regierenden 2017 unter Konfetti-Regen beschlossen, dass eine Ehe auch zwischen zwei Männern oder zwei Frauen oder zwei Diversen bestehen könne, und die Richter haben sich dem nicht entgegengestellt. Und deshalb schützt unsere Verfassung jetzt etwas, was sie nie schützen wollte, nämlich nicht die Verbindung, aus der Leben entsteht, sondern eine gottlose, sündhafte Lebensweise. Der Text der Verfassung hat sich nicht geändert, aber seine Auslegung und Anwendung. Und damit wurde die Verfassung komplett pervertiert und verdreht. Die Ehe steht nicht mehr unter dem besonderen Schutz des Staates als etwas Heiliges, sondern sie wurde einem Gräuel gleichgestellt.

Seht ihr, wir fragen uns oft, wann wohl das Gericht Gottes über unser gottloses Land kommt. Die Antwort ist: Es ist schon längst hier! Wir sind gerade Zeugen des Zornes Gottes über unser Land. Schaut in Röm 1. Unser Staat leugnet Gott, überall in den Schulen leugnet er Gott. Unser Volk hat keine natürliche Liebe mehr, es tötet sogar massenhaft seine eigenen Kinder. Und indem sich die Menschen für Weise ausgeben, sind sie zu Narren geworden. Sehen wir das nicht gerade überall? Wie die Menschen so sehr auf ihre Wissenschaft setzen und sich damit zu Narren machen? Und deswegen hat Gott unser Land dahingegeben in alle möglichen Begierden und Sünden und vor allem in das öffentliche und staatliche Ausüben und Gutheißen von Homosexualität. Das sind klare Zeichen des Gerichts über unser Land. Das heißt nicht, dass es nicht noch schlimmer wird. Es wird noch schlimmer, aber das Gericht hat schon begonnen.

Ich erzähle das deshalb, weil es wichtig ist, dass wir verstehen, dass unsere westliche Welt in einem gewaltigen Umbruch ist, der drastische Veränderungen mit sich bringt. Dieser Umbruch hat begonnen vor langer Zeit, aber nun nähert er sich seiner Vollendung. Die Grundpfeiler werden umgerissen. Und deshalb können wir uns nicht mehr darauf verlassen, dass unser Glaube und unser Gottesdienst in diesem Staat geschützt sein werden, auch wenn das auf dem Papier noch so steht. Die Regierenden werden eingreifen in unseren Glauben und unseren Gottesdienst, und die Richter werden uns nicht schützen. Wir wissen das schon lange. Wer die Zeichen der Zeit erkannt hat, dem war klar, dass der Staat früher oder später übergriffig werden würde. Denn wenn wir biblische Wahrheiten predigen, zum Beispiel über Homosexualität oder Transsexualität oder manch andere Dinge, dann sind wir in den Augen dieses Staates Hassprediger, die man nicht tolerieren kann, sondern gegen die man vorgehen muss, die man mundtot machen muss. Es gilt, diese neue antichristliche Welt zu schützen vor dem biblischen Christentum. Nicht vor dem Christentum der großen Kirchen, das passt sich an, aber vor dem wahren, biblischen Christentum.

Nun, wir wussten, das würde kommen, aber wir dachten, wir hätten noch Zeit. Und dann kam 2020. Und es kam die Corona-Krise. Und der Staat griff in den Gottesdienst ein, wie er es nie zuvor gewagt hatte. Und hinzukam, dass der Staat es in eben diesem Jahr auch tatsächlich zum ersten Mal wagte, einen Pastor als Volksverhetzer zu verurteilen wegen biblischer Aussagen zur Homosexualität, unseren geliebten Bruder Pastor Olaf Latzel. Wir sind mittendrin im Gericht Gottes, in einer antichristlichen Welt. Und plötzlich ist die Frage des Verhältnisses zwischen Staat und Kirche oder Staat und Christ brandaktuell, und es ist extrem wichtig, dass wir uns damit beschäftigen. Denn die derzeitige Krise hat die meisten Gemeinden völlig unvorbereitet getroffen, unsere Gemeinde eingeschlossen. Und es hat sich in dieser Krise offenbart, dass viele Gemeinden große, gravierende theologische Mängel haben; Mängel, die infrage stellen, ob diese Gemeinden eine solche Krise überhaupt überstehen können, ob sie überhaupt bestehen können in dieser neuen entchristlichten Welt. Oder ob diese Mängel nicht am Ende zum Abfall vom Glauben führen. Ich will ein paar Beispiele nennen.

Es zeigt sich eine mangelhafte Ekklesiologie, also eine mangelhafte Lehre von der Gemeinde. Gottesdienste mit nur 30 % der Geschwister? Kein Problem. Online-Gottesdienste? Tolle Sache, eine tolle Fortentwicklung! Es gibt Gemeinden, die haben sich seit einem Jahr nicht mehr versammelt. Diesen Gemeinden sei gesagt: Ihr seid per definitionem keine Gemeinde mehr. Denn eine Gemeinde ist der herausgerufene, körperlich versammelte Leib Christi, versammelt in herzlicher brüderlicher Liebe, die sich auch ausdrückt in körperlicher Nähe.

Es zeigt sich ein mangelhaftes Verständnis der Schrift. Wir müssen nur tun, was ausdrücklich in Gottes Wort steht. Und solange da nicht ausdrücklich steht: „Ihr sollt euch jeden Sonntag an einem Ort als ganze Gemeinde körperlich versammeln, ohne Mindestabstand und ohne Masken", dann haben wir völlige Freiheit. So geht man niemals mit Gottes Wort um!

Es zeigt sich ein mangelhaftes Verständnis von Epistemologie, also der Lehre, wie wir erkennen, ob etwas wahr ist oder nicht. Und das ist verbunden mit einer völlig unbiblischen Weltsicht. Es ist töricht, wenn Christen glauben, der Staat sei irgendwie neutral und man könne ihm schon vertrauen. Der Staat, der grundlegende Schöpfungswahrheiten, die jedes Kind versteht, leugnet über Mann und Frau, Ehe, Familie, Sexualität, Geschlecht, ja, der selbst den Schöpfer leugnet, er wird uns doch nicht belügen! Der Staat, der jedes Jahr für die Tötung von 100.000 Kindern im Mutterleib verantwortlich ist, er wird doch unser Leben schützen wollen. Wir Christen müssen Freunde der Wahrheit sein, nicht der Lüge. Es war vermutlich Benjamin Franklin, der einst sagte: *„Nur die Lüge braucht die Stütze der Staatsgewalt, die Wahrheit steht von alleine aufrecht. Etwas zum Nachdenken."*

Damit verbunden ist auch eine mangelhafte Geschichtskenntnis. Wir wissen alle sehr wenig über Geschichte, sowohl über Kirchengeschichte als auch über säkulare Geschichte. Und deswegen meinen einige, die derzeitige Situation sei irgendwie vergleichbar mit Seuchen aus der Vergangenheit. Und Pastoren und Professoren zitieren Richard Baxter oder Martin Luther und wenden das auf unsere Situation an. Und davon abgesehen, dass sie diese beiden Gottesmänner sogar in ihrem ursprünglichen Kontext falsch verstehen, hatten diese es damals zu tun mit der Pest und der Cholera. Vielleicht schaut ihr mal in die Geschichtsbücher. Oder ihr lest den sehr empfehlenswerten Artikel von Jürgen-Burkhard Klautke in der aktuellen Ausgabe der Bekennenden Kirche. Dann versteht ihr, wie Christen mit großen Seuchen umgegangen sind. Sie sind nicht auseinandergegangen und haben aufgehört, sich zu versammeln, und haben Abstand gehalten und Masken getragen. Sie haben die Sterbenden im Arm gehalten! Danach sind sie krank geworden und gestorben, und der nächste hat sie im Arm gehalten. Damit verbunden ist auch ein falsches Verständnis, was Leben und Tod für einen Christen bedeuten.

Es zeigt sich auch ein mangelhaftes Verständnis von Verfolgung, auch wieder verbunden mit einer mangelhaften Kenntnis der Kirchengeschichte. Verfolgung sei nur, wenn es sich gezielt und ausschließlich gegen die Christen richte. Das ist so ein Unfug! Dann gab es sehr wenig Verfolgung in der Kirchengeschichte. Ironischerweise werden gerade die Leute, die das behaupten, vermutlich nie verfolgt werden. Denn man wartet nicht darauf, dass man verfolgt wird, um Gottes Gebote zu halten, sondern man hält Gottes Gebote und darum wird man verfolgt. Wenn der Staat etwas gebietet, was alle betrifft, und alle können sich daran halten, aber du kannst dich um des Wortes willen, wegen deines Glaubens nicht daran halten, und deshalb straft der Staat dich, dann ist das Verfolgung. Ich sage später noch etwas dazu.

Es zeigt auch ein mangelhaftes Verständnis, was die Einheit der Christen ist. Manche werfen uns vor, wir würden mit unserer Stellungnahme die Einheit der Christen gefährden. Als ob die Einheit der Christen darin bestehen würde, dass man einfach seinen Mund hält und über strittige Themen nicht spricht. Die Einheit der Christen ist nicht einfach eine äußere Einheit, sondern dass wir eines Sinnes sind. Und als ob man wegen einer äußeren Einheit keine öffentlichen Diskussionen über theologische Streitthemen führen dürfe. Dann hätte es die halbe Kirchengeschichte und die Reformation nicht gegeben.

Es zeigt auch ein mangelhaftes Verständnis, was das Zeugnis der Christen in dieser Welt ist. Manche meinen wirklich, unser Zeugnis sei, dass wir Menschen gefielen, dass sich niemand über uns ärgere, uns vielleicht für verantwortungslos hielte. Unser Zeugnis ist Treue zu unserem

Herrn und seinen Geboten, und dafür wird die Welt uns hassen! Das ist unser Zeugnis.

Es ließe sich noch vieles aufzählen, aber zuletzt: Es zeigt sich eine Führungskrise. Denn die Pastoren, die sich gerade in solchen Zeiten als mutig und stark und männlich erweisen sollen, sie sind oft die, die diesen ganzen Unsinn erzählen und damit ihre Schafe quälen, und ich fürchte, viele tun das vor allem deshalb, weil sie nicht verfolgt werden wollen.

Und weil man in Zukunft, wenn der HERR nicht noch einmal Gnade schenkt, eine wahre Gemeinde von einer abgefallenen Gemeinde zunehmend daran unterscheiden wird, ob sie verstanden hat, wann sie sich dem Staat unterzuordnen und wann sie sich ihm zu widersetzen hat und ob sie bereit ist, Verfolgung zu leiden um des Wortes willen, ist es so wichtig, dass wir eine fest in der Schrift gegründete Theologie über diese Dinge haben. Und auch hier haben wir Beispiele aus der UdSSR. Dort haben die Geschwister an solchen Dingen festgemacht, ob eine Gemeinde abgefallen war oder nicht: ob sie sich dem Staat gemeldet und dem Staat untergeordnet hat oder nicht. Deshalb brauchen wir eine in der Schrift gegründete Theologie über diese Dinge.

Und das ist mein Ziel: Heute in dieser kurzen Zeit ein solches Fundament zu legen. Und so wollen wir uns dem zentralen Text zu diesem Thema in zwei Punkten nähern: (1) Unterordnung unter den Staat; und (2) Widerstand gegen den Staat.

1. Unterordnung unter den Staat

[1] *Jede Seele unterwerfe sich den übergeordneten staatlichen Mächten!* Jeder von uns muss sich den übergeordneten staatlichen Mächten unterwerfen. Das griechische Wort, das mit „unterwerfen" übersetzt ist, kommt aus der Militärsprache und bedeutet, den Platz unter dem Befehlshaber einzunehmen, der einem zugewiesen ist. Wir sollen also den uns zugewiesenen Platz einnehmen, und dieser Platz ist unter den übergeordneten staatlichen Mächten. Und wir nehmen diesen Platz nicht nur äußerlich und widerspenstig ein, sondern innerlich und bereitwillig, mit unserer Seele: [1] *Jede Seele unterwerfe sich!*

Und wir unterwerfen uns *den übergeordneten staatlichen Mächten.* Mehrzahl. Das Wort „staatlich" steht im Griechischen nicht, sondern ist eine Ergänzung der deutschen Übersetzung, ist aber inhaltlich korrekt. Wir unterwerfen uns also nicht erst dann, wenn die Polizei mit gezogener Waffe vor uns steht, sondern allen übergeordneten Mächten vom Bundespräsidenten bis hin zum geringsten Sachbearbeiter einer Behörde. Unterwerfung unter die staatlichen Mächte bedeutet: (1) Wir erkennen an, dass sie uns übergeordnet sind, und behandeln sie nicht respektlos oder fordernd, sondern; (2) wir behandeln sie mit Ehrerbietung; und (3) wir gehorchen ihnen – in bestimmten Grenzen; dazu später. Wenn das nächste Mal ein Hilfspolizist dir einen Strafzettel schreibt wegen Falschparkens, dann fährst du ihn nicht an, was er denke, wer er sei, und du hättest hier nur drei Minuten gestanden, sondern du entschuldigst dich für deine mangelnde Unterordnung und bedankst dich respektvoll für seinen Dienst. Und wenn der Staat geboten hat, indem er Schilder aufgestellt hat, dass man irgendwo 100 km/h fahren darf, dann fährst du nicht 150 km/h, sondern du fährst 100 km/h. Und du tust es gerne, mit deiner Seele. Seht ihr, dieser Punkt ist sehr ernst. Als Christen müssen wir uns dem Staat unterwerfen.

Diese Unterordnung gilt aber nur gegenüber den Mächten, die uns auch tatsächlich in einem bestimmten Bereich übergeordnet sind. Andere übersetzen hier mit: „die Gewalt über ihn hat" (Luther) oder: „die über ihn gesetzt sind" (Schlachter). Der Hilfspolizist kann dir einen Strafzettel schreiben. Wenn er aber am nächsten Tag vor deiner Tür steht und deine Wohnung durchsuchen will, hat er hierzu keine Autorität. In diesem Bereich ist er dir nicht übergeordnet, und du musst dich ihm nicht unterordnen. Ja, im Gegenteil wäre es töricht, wenn du ihn reinlassen würdest. Diesen Gedanken werden wir nachher noch einmal aufgreifen.

Aber warum sollen wir uns den übergeordneten staatlichen Mächten unterwerfen? Haben wir etwa Menschenfurcht? Ordnen wir uns unter, weil die stärker sind oder klüger oder weiser? Nein, der Grund ist ein anderer. Weiter Vers 1: *Denn* – hier kommt die Begründung – *denn es ist keine staatliche Macht außer von Gott, und die bestehenden sind von Gott verordnet.* Warum unterwerfen wir uns den staatlichen Mächten? (1) Allgemein: weil jede Macht von Gott kommt; und (2) besonders: weil die bestehenden staatlichen Mächte von Gott verordnet sind.

Alle Macht kommt von Gott. Nur Gott hat Macht aus sich selbst, und er hat alle Macht; er ist der alleinige Machthaber. Und wenn irgendein Mensch irgendeine Macht hat, dann nur, weil Gott sie ihm verliehen hat. Wir lesen das ganz grundlegend im Schöpfungsbericht in Gen 1: [27] *Und Gott schuf den Menschen als sein Bild, als Bild Gottes schuf er ihn; als Mann und Frau schuf er sie.* [28] *Und Gott segnete sie, und Gott sprach zu ihnen: Seid fruchtbar und vermehrt euch, und füllt die Erde, und macht sie euch untertan; und herrscht über die Fische des Meeres und über die Vögel des Himmels und über alle Tiere, die sich auf der Erde regen!* Gott gibt den

Menschen Herrschaft. Gott hat alle Menschen gleich im Bilde Gottes geschaffen. Da ist kein Mensch, der von sich aus über einem anderen Menschen stünde. Wenn jemand Macht hat, dann kommt sie von Gott. Wenn die Eltern Macht haben über die Kinder, der Mann über die Frau, die Pastoren über die Geschwister, der Arbeitgeber über den Arbeitnehmer, der Staat über den Bürger – jeder hat seine Macht von Gott.

Wenn jede Macht aber von Gott delegiert ist, dann heißt das auch, dass jeder, der Macht hat, nur ein Verwalter dieser Macht ist, die eigentlich Gott gehört, und dass er sich einst vor Gott dafür verantworten muss, wie er mit der ihm delegierten Macht umgegangen ist. Gott wird Rechenschaft fordern von jedem, dem er Macht verleiht, auch von den Regierenden. Und deswegen gibt Gott in der Schrift auch Vorgaben, wie ein Herrscher sein soll, damit er seine Aufgabe erfüllen kann: Er soll tüchtig sein, gottesfürchtig, zuverlässig, ungerechten Gewinn hassend. Und er soll eine Kopie der Schrift bei sich haben, und dann heißt es Deut 17: *[19] (...) und er soll alle Tage seines Lebens darin lesen, damit er den HERRN, seinen Gott, fürchten lernt, um alle Worte dieses Gesetzes und diese Ordnungen zu bewahren, sie zu tun, [20] damit sein Herz sich nicht über seine Brüder erhebt und er von dem Gebot weder zur Rechten noch zur Linken abweicht.* So muss ein Herrscher sein. Seht ihr, deshalb ist es die Aufgabe der Kirche, auch den Obrigkeiten zu predigen, sie von ihren Sünden zu überführen und ihnen zu verkünden, dass sie Gottes Diener sind und was Gott von ihnen fordert, was gut und böse ist nach seinem Maßstab. Wer sollte das sonst tun, wenn nicht wir, denen die Offenbarung Gottes anvertraut ist?

Jede Macht ist von Gott delegiert, und Gott wird Rechenschaft von den Regierenden fordern, wozu sie diese Macht eingesetzt haben. Die Menschen vergessen das gerne und meinen, sie hätten selbst Macht, und dann muss man sie gelegentlich daran erinnern, dass sie sich irren. So tut es Jesus mit Pilatus in Joh 19: *[10] Da spricht Pilatus zu ihm: Redest du nicht mit mir? Weißt du nicht, dass ich Macht habe, dich loszugeben, und Macht habe, dich zu kreuzigen? [11] Jesus antwortete: Du hättest keinerlei Macht über mich, wenn sie dir nicht von oben gegeben wäre (...).* Jede Macht kommt von Gott. Und nicht nur ist allgemein jede Macht von Gott, sondern die bestehenden staatlichen Mächte sind auch ganz konkret von Gott verordnet. In Dan 2 heißt es über Gott: *[21] Er ändert Zeiten und Fristen, er setzt Könige ab und setzt Könige ein (...).* Gott hat bestimmt, dass es einen König gibt, und er hat bestimmt, wer dieser König ist. Und das gilt nicht nur für den König, sondern auch für alle in Macht: für die Statthalter bis hinunter zur geringsten staatlichen Macht. Für Deutschland hat Gott verordnet, dass es einen Kanzler gibt, und er hat Frau Merkel in dieses Amt eingesetzt. Er hat verordnet, dass es einen Gesundheitsminister gibt, und er hat Herrn Spahn in dieses Amt eingesetzt. Er hat verordnet, dass es im Land Hessen einen Ministerpräsidenten gibt, und er hat Herrn Bouffier in dieses Amt eingesetzt, und so weiter, bis hin zum geringsten Staatsdiener. Das heißt nicht, dass jeder Machthaber Gott wohlgefällig ist. Gott hat viele gottlose, böse Könige eingesetzt. Auch dazu später mehr. Erst einmal halten wir fest, dass alle staatliche Macht von Gott verordnet ist.

Und deshalb heißt es weiter Vers 2: *2 Wer sich daher der staatlichen Macht widersetzt, widersteht der Anordnung Gottes; die aber widerstehen, werden ein Urteil empfangen.* Du willst dich dem Staat widersetzen? Vorsicht! Du widersetzt dich nicht einfach nur Menschen oder menschlichen Einrichtungen, sondern du widerstehst Gott selbst und seiner guten Verordnung. Auch das ist übrigens nicht nur bei staatlichen Mächten so, sondern überall, wo jemand Macht hat, denn wir haben ja gehört, dass jede Macht von Gott kommt. Kinder, die sich ihren Eltern widersetzen, widerstehen Gott und seinen Verordnungen. Frauen, die sich ihren Männern widersetzen, Christen, die sich ihren Pastoren widersetzen, Arbeitnehmer, die sie ihrem Arbeitgeber widersetzen, und Bürger, die sich dem Staat widersetzen, sie alle widerstehen Gott und seinen Verordnungen.

Und wer Gott widersteht, der wird gerichtet werden. Vers 2: *(...) die aber widerstehen, werden ein Urteil empfangen.* Warum ist das so? Vers 3: *3 Denn* – hier kommt wieder die Begründung – *denn die Regenten sind nicht ein Schrecken für das gute Werk, sondern für das böse. Willst du dich aber vor der staatlichen Macht nicht fürchten, so tue das Gute, und du wirst Lob von ihr haben; 4 denn sie ist Gottes Dienerin, dir zum Guten. Wenn du aber das Böse tust, so fürchte dich! Denn sie trägt das Schwert nicht umsonst, denn sie ist Gottes Dienerin, eine Rächerin zur Strafe für den, der Böses tut.* Warum hat Gott also staatliche Mächte verordnet? Was ist der Zweck der staatlichen Mächte und der Regenten? Sollen sie uns vor jedem Lebensrisiko schützen? Nein. (1) Sie sollen ein Schrecken sein für das böse Werk, indem sie den, der Böses tut, bestrafen; und (2) sie sollen eine Ermutigung sein für das gute Werk, indem sie den, der Gutes tut, loben. Der Staat soll also das Böse eindämmen und das Gute fördern.

Und indem der Staat diese beiden Dinge tut, handelt er als Gottes Dienerin. Ob die Regenten das wissen oder nicht, ob sie das wollen oder nicht, sie sind Gottes Diener. Wenn der Staat den, der Gutes tut, lobt, dann handelt er als Gottes Dienerin. Vers 3: *(...) Willst du dich aber vor der staatlichen Macht nicht fürchten, so tue das Gute, und du wirst Lob von ihr haben; 4 denn sie ist Gottes Dienerin, dir zum Guten.* Und wenn der Staat den, der Böses tut, bestraft, dann handelt er als Gottes Dienerin. Vers 4:

(...) Wenn du aber das Böse tust, so fürchte dich! Denn sie trägt das Schwert nicht umsonst, denn sie ist Gottes Dienerin, eine Rächerin zur Strafe für den, der Böses tut. Wenn der Staat diese Dinge tut, handelt er deshalb als Gottes Dienerin, weil es Gottes Recht ist, zu richten. Er ist der Rächer und Richter der Welt, der die Guten belohnt und die Bösen bestraft. Er wird das endgültig tun am Jüngsten Tag, am Ende der Zeit, aber er tut es teilweise auch schon in der Zeit. Er tut dies auf verschiedene Weisen, durch Krankheit und Tod, durch Unglücke und Katastrophen, durch Dahingeben in die Sünde; und er tut es, indem er sich der staatlichen Mächte bedient als seiner Dienerin.

Der Staat ist dem, der Gutes tut, zum Guten gegeben, indem er ihn belohnt und schützt vor dem Bösen, indem er seine gottgegebenen Freiheiten und Rechte schützt vor Menschen, die uns unser Leben nehmen wollen, unsere Freiheit, unser Eigentum, und er handelt darin als Gottes Dienerin. Und er ist dem, der Böses tut, zur Strafe gegeben, denn er rächt das Böse, und er handelt darin als Gottes Dienerin. Wörtlich heißt es übrigens nicht „Strafe", sondern „Zorn". Der Staat führt also Gottes Zorn aus als seine Rächerin. Und für die Ausführung der Rache und des Zorns hat Gott dem Staat ein besonderes Instrument gegeben, nämlich das Schwert: *Denn sie trägt das Schwert nicht umsonst.* Das Schwert, nicht den Gefängnisschlüssel! Das Schwert ist ein Werkzeug zum Töten. Paulus schreibt hier, dass Gott dem Staat die Macht gegeben hat, Übeltäter zu bestrafen – sogar mit dem Tod. Tatsächlich ist das das erste Gebot, das Gott den Menschen gibt für ein beginnendes Staatswesen, für ein System der Strafverfolgung. Nach dem Sündenfall und der Vertreibung aus dem Paradies wurden die Menschen immer böser, bis Gott ihrem bösen Treiben ein Ende setzte und die ganze Welt vernichtete in der Sintflut. Und nach der Sintflut beginnt Gott, ein System der Strafverfolgung einzuführen, staatliche Mächte einzuführen, damit es nicht mehr so schlimm würde, wie zuvor; und er gibt hierzu ein erstes Gebot. Wir lesen Gen 9: [6] *Wer Menschenblut vergießt, dessen Blut soll durch Menschen vergossen werden; denn nach dem Bilde Gottes hat er den Menschen gemacht.* Gott hat den Staat beauftragt, die Todesstrafe zu vollziehen, und er hat ihn dazu bevollmächtigt, indem er ihm das Schwert gab; und er gab es ihm nicht umsonst. Wenn also in der westlichen Welt nach 4.500 Jahren fast überall die Todesstrafe abgeschafft ist, ist das kein Zeichen des Fortschritts, sondern des Abfalls von Gott. Der Staat tut nicht mehr das, was Gott ihm ganz am Anfang als erstes Gebot gegeben hat. Das ist nicht Christentum, sondern antichristlicher Humanismus.

Und weil der Staat Gottes Dienerin ist, die das Gute belohnt und das Böse bestraft, braucht sich auch niemand, der das Gute tut, vor dem Staat zu fürchten, denn der Staat wird ihn belohnen; und jeder, der das Böse tut, sollte sich vor dem Staat fürchten, denn der Staat wird an ihm Rache und Zorn vollziehen, und das im Zweifel mit dem Schwert. Vers 3: (...) *Willst du dich aber vor der staatlichen Macht nicht fürchten, so tue das Gute, und du wirst Lob von ihr haben; ⁴ denn sie ist Gottes Dienerin, dir zum Guten. Wenn du aber das Böse tust, so fürchte dich!* Allen Bösen sollte der Staat ein Schrecken sein, denn er wird sie strafen, notfalls mit dem Tod. Aber als Christen, deren Lebensaufgabe es ist, das Gute zu tun, sollten wir unsere Freude an dem Staat haben. Wir sollten Gott loben und ihm danken für seine gute Verordnung, für seine Dienerin, denn sie belohnt uns und schützt uns vor dem Bösen. Wenn der Staat seine Aufgabe recht erfüllt, dann trifft auf ihn zu, was wir lesen in 2Sam 23: ³ (...) *Wer gerecht herrscht über die Menschen, wer in der Furcht Gottes herrscht, ⁴ der ist wie das Licht des Morgens, wenn die Sonne aufstrahlt, eines Morgens ohne Wolken; von ihrem Glanz nach dem Regen sprosst das Grün aus der Erde.* So will Gott Staat: zu unserem Guten, zu unserem Segen, zu unserer Freude gegeben. Ich weiß nicht, ob dieses Bild euch auch in den Kopf kommt, wenn ihr an Frau Merkel oder andere denkt. Aber so hat Gott sich das gedacht.

Und weil der Staat als Gottes Dienerin das Gute belohnt und das Böse bestraft, sollen wir uns dem Staat unterwerfen, warum? Vers 5: ⁵ *Darum ist es notwendig, untertan zu sein, nicht allein der Strafe – oder des Zorns – wegen, sondern auch des Gewissens wegen.* Wir müssen dem Staat untertan sein wegen des Zorns. Du willst dich auflehnen gegen den Staat? Der Staat wird dich strafen, vielleicht sogar mit dem Tod. Aber nicht nur aus Angst vor dem Zorn müssen wir untertan sein, sondern auch des Gewissens wegen, also, weil es gut und richtig ist, dem Staat untertan zu sein, denn er fordert ja das Gute. Du willst dich auflehnen gegen den Staat? Du willst dich auflehnen gegen Gottes Dienerin, die das Gute belohnt und das Böse bestraft? Das ist böse! Das geht gegen dein Gewissen. Das darfst du nicht tun.

Was sollen wir stattdessen tun? Ab Vers 6: ⁶ *Denn deshalb entrichtet ihr auch Steuern; denn es sind Gottes Diener, die eben hierzu fortwährend beschäftigt sind. ⁷ Gebt allen, was ihr ihnen schuldig seid: die Steuer, dem die Steuer; den Zoll, dem der Zoll; die Furcht, dem die Furcht; die Ehre, dem die Ehre gebührt!* Weil die Regierenden Gottes Diener sind und fortwährend diesen guten Dienst tun – das ist ihre Beschäftigung, ihre Arbeit –, deshalb bezahlen wir sie auch für ihren Dienst, indem wir Steuern zahlen und Zoll zahlen; und wir bringen ihnen Respekt entgegen, indem wir sie fürchten und ehren, denn sie tun ein gutes Werk.

Und ergänzend heißt es in 1Tim 2: *¹ Ich ermahne nun vor allen Dingen, dass Flehen, Gebete, Fürbitten, Danksagungen getan werden für alle Menschen, ² für Könige und alle, die in Hoheit sind, damit wir ein ruhiges und stilles Leben führen in aller Gottesfurcht und Ehrbarkeit. ³ Dies ist gut und angenehm vor unserem Retter-Gott, ⁴ welcher will, dass alle Menschen gerettet werden und zur Erkenntnis der Wahrheit kommen.* Wir beten und bitten und flehen also auch für die Regierenden. Denn auch unter ihnen sind welche, die Gott retten will und zur Erkenntnis der Wahrheit führen will. Und wir sagen Gott Dank für die Regierenden. Denn er hat sie verordnet und eingesetzt zu unserem Guten. Denn hätten wir keinen Staat, der die Bösen straft, dann hätten wir Anarchie, und niemand würde deinen bösen Nachbarn davor abschrecken, dein Auto zu nehmen und dein Haus zu nehmen und deine Frau zu nehmen und alles zu nehmen, was dir gehört, und dich totzuschlagen. Es ist ein Segen und Grund zur Dankbarkeit, dass Gott den Staat verordnet hat. Das ist die biblische Theologie der Unterordnung des Christen unter die staatlichen Mächte.

Nun mag vielleicht jemand unter euch denken: „Wie konntet ihr dann vor ein paar Tagen diese Corona-Stellungnahme herausgeben? Irgendwie passt da was nicht zusammen…". Nun, das liegt daran, dass wir bisher nur die eine Hälfte der Wahrheit betrachtet haben. Und viele Christen bleiben bei dieser halben Wahrheit stehen. Und so kommt es, dass wir auf unsere Stellungnahme einen Kommentar erhalten, in dem man uns vorwirft, wir würden gegen das klare Gebot aus Röm 13 verstoßen.

Seht ihr, es ist ein großes Problem unserer Zeit, dass viele die Bibel so schlecht auslegen und wir alle keine Ahnung von Kirchengeschichte haben. Denn dieser Streit ist nicht neu, sondern er wird seit 2.000 Jahren geführt, und treue Brüder haben ganze Bücher dazu geschrieben. Oder glaubt ihr, die Hugenotten, als sie verfolgt wurden, hätten sich damit nicht beschäftigt und hätten keine Bücher dazu geschrieben? Auch in der Zeit der Reformation war das ein wichtiges Thema. Oder im Dritten Reich, Stichwort „Bekennende Kirche". Und in diesen 2.000 Jahren wurde dieser Text auch immer wieder von Machthabern und Predigern missbraucht, um von den Christen absolute Unterordnung unter den Staat zu fordern. Ein Theologe schrieb einmal, der Missbrauch von Röm 13 habe „mehr Unglück und Elend verursacht, als irgendwelche anderen sieben Verse des Neuen Testaments" – der Missbrauch, nicht der rechte Gebrauch. Ich zitiere aus einem Aufruf zum Ungehorsam gegen die staatlichen Corona-Maßnahmen von Tim Cantrell, Pastor der Antioch Bible Church in Südafrika:

Im Juli 1933, während Hitlers erstem Sommer an der Macht, hielt ein junger deutscher Pastor namens Joachim Hossenfelder eine Predigt in der hoch aufragenden Kaiser-Wilhelm-Gedächtniskirche, Berlins wichtigster Kirche. Er benutzte die Worte aus Röm 13, um die Gottesdienstbesucher an die Wichtigkeit des Gehorsams gegenüber den Machthabern zu erinnern. Die Kirche war mit Nazi-Bannern geschmückt, die Kirchenbänke waren voll mit Nazi-Getreuen und Soldaten in Uniform. Früher im selben Jahr hatte Friedrich Dibelius, ein deutscher Bischof und einer der höchsten protestantischen Funktionäre des Landes, ebenfalls über Röm 13 gepredigt, um die Machtergreifung der Nazis und ihre brutale Politik zu rechtfertigen (…). Drei Tage nach dieser Predigt löste sich das deutsche Parlament auf und Hitler übernahm die Macht. Innerhalb weniger Jahre wurden sechs Millionen Juden abgeschlachtet und die Welt durch den Zweiten Weltkrieg verwüstet.

Ich sage nicht, dass wir heute an dem gleichen Punkt sind, wie 1933. Aber ich will diejenigen warnen, die meinen, Röm 13 fordere eine absolute Unterordnung unter den Staat oder erlaube Widerstand nur dann, wenn man uns verbiete, von Jesus zu reden. Gebt acht, dass ihr euch nicht einreiht in eine sehr unrühmliche Tradition des Missbrauchs von Röm 13! Hätten doch die Kirchen damals die Wahrheit gepredigt! Wer weiß, was vielleicht hätte verhindert werden können…!

Aber wann ist denn Widerstand gegen den Staat das Recht oder sogar die Pflicht eines Christen?

2. Widerstand gegen den Staat

Die meisten Christen sind sich darin einig, dass die Bibel und auch Röm 13 keine absolute Unterwerfung unter den Staat fordern, keinen absoluten Gehorsam. Unsere Unterwerfung unter den Staat ist zwar bedingungslos, aber nicht grenzenlos. Das heißt, wir unterwerfen uns dem Staat nicht erst, wenn er unsere Bedingungen erfüllt; wir sagen also nicht: „Ich ordne mich dem Staat erst unter, wenn ein bibeltreuer Christ oder reformierter Baptist Kanzler ist." Nein, wir unterwerfen uns dem Staat auch dann, wenn er gottlos ist. Unsere Unterwerfung ist bedingungslos. Aber sie ist nicht grenzenlos. Es gibt Grenzen unserer Unterwerfung. Und tatsächlich finden sich die Grenzen unserer Unterwerfung hier in Röm 13. Das mag manchen verwundern, denn auf den ersten Blick erscheint Röm 13 recht absolut: „Unterwirf dich, sonst widerstehst du Gott und wirst gerichtet!" Und viele Christen bleiben dabei stehen und schreiben uns Kommentare, wie wir gegen dieses klare Verbot verstoßen könnten. Oder sie erkennen, dass das nicht die ganze Wahrheit sein kann, und suchen Beispiele in der Schrift, wo sich Gläubige dem Staat widersetzt haben, um zu zeigen, dass man Röm 13 damit ein wenig korrigieren muss.

Wir werden uns auch gleich noch einige dieser Beispiele ansehen, aber zuerst ist es wichtig, dass wir erkennen, wie klar Paulus hier in Röm 13 die Grenzen der Unterwerfung zieht. Wir müssen gar nicht woanders hinschauen, hier steht es! Ich gebe zu, es ist nicht auf den ersten Blick ersichtlich. Deswegen mutmaßt John Piper zum Beispiel, dass Paulus extra so geschrieben habe, damit der Staat es nicht versteht, wenn er den Brief in die Hände bekommt. Wie dem auch sei, wir Christen können es jedenfalls verstehen, wenn wir uns den Text genauer anschauen. Lasst uns also noch einmal in den Text schauen, ob wir diese Grenzen finden können: *[1] Jede Seele unterwerfe sich* – jeder staatlichen Macht? Nein! *Jede Seele unterwerfe sich den übergeordneten staatlichen Mächten!* Denen, die uns tatsächlich von Gott übergeordnet sind. *Denn es ist keine staatliche Macht außer von Gott, und die bestehenden sind von Gott verordnet. [2] Wer sich daher der staatlichen Macht widersetzt, widersteht der Anordnung Gottes; die aber widerstehen, werden ein Urteil empfangen. [3] Denn die Regenten sind nicht ein Schrecken* – für den, der alles tut, was sie sagen, sondern für den, der sich ihnen widersetzt? Nein! *[3] Denn die Regenten sind nicht ein Schrecken für das **gute** Werk, sondern für das **böse**. Willst du dich aber vor der staatlichen Macht nicht fürchten –*, so tue immer alles, was sie sagt? Nein! *So tue das **Gute**, und du wirst Lob von ihr haben; [4] denn sie ist Gottes Dienerin, dir zum **Guten**. Wenn du aber –* nicht tust, was sie dir sagt, so fürchte dich? Nein! *Wenn du aber das **Böse** tust, so fürchte dich! Denn sie trägt das Schwert nicht umsonst, denn sie ist Gottes Dienerin, eine Rächerin zur Strafe für den –*, der nicht alles tut, was sie sagt? Nein! *Für den, der **Böses** tut. [5] Darum ist es notwendig, untertan zu sein –*, allein der Strafe wegen? Nein! *Nicht allein der Strafe wegen, sondern auch des Gewissens wegen.* Denn das Gewissen unterscheidet zwischen *gut* und *böse*.

Merkt ihr, was Paulus hier tut? Siehst du, worum es hier im Kern geht? Es geht nicht darum, dass wir einfach alles tun sollen, was der Staat sagt. Es geht darum, dass wir das Gute tun und das Böse lassen! Und das ist übrigens das Gleiche, was auch die anderen Schriftstellen im Neuen Testament zu diesem Thema zu sagen haben, z. B. Tit 3: *[1] Erinnere sie, staatlichen Gewalten und Mächten untertan zu sein, Gehorsam zu leisten, zu jedem **guten** Werk bereit zu sein.* Oder 1Petr 2: *[13] Ordnet euch aller menschlichen Einrichtung unter um des Herrn willen; sei es dem König als Oberherrn 14 oder den Statthaltern als denen, die von ihm gesandt werden zur Bestrafung der **Übeltäter**, aber zum Lob derer, die Gutes tun! [15] Denn so ist es der Wille Gottes, dass ihr durch **Gutestun** die Unwissenheit der* *unverständigen Menschen zum Schweigen bringt –* [16] *als Freie und nicht als solche, die die Freiheit als Deckmantel der* **Bosheit** *haben, sondern als Sklaven Gottes.* [17] *Erweist allen Ehre; liebt die Bruderschaft; fürchtet Gott; ehrt den König!* Es geht nicht darum, einfach alles zu tun, was der Staat sagt, es geht darum, dass wir das Gute tun sollen und nicht das Böse.

Und wer entscheidet, was gut und böse ist? Der Staat? Alles, was der Staat lobt, ist gut? Nein, anders herum! Das, was gut ist, soll der Staat loben. Alles, was der Staat bestraft, ist böse? Nein, anders herum! Das, was böse ist, soll der Staat bestrafen. Und wer entscheidet nun, was gut und böse ist? Natürlich Gott; er allein und kein Staat! Deshalb schreibt Paulus direkt weiter in Röm 13 – es hilft manchmal sehr, weiterzulesen: [8] *Seid niemand irgendetwas schuldig, als nur einander zu lieben! Denn wer den anderen liebt, hat das Gesetz erfüllt.* [9] *Denn das: „Du sollst nicht ehebrechen, du sollst nicht töten, du sollst nicht stehlen, du sollst nicht begehren", und wenn es ein anderes Gebot gibt, ist in diesem Wort zusammengefasst: „Du sollst deinen Nächsten lieben wie dich selbst."* [10] *Die Liebe tut dem Nächsten nichts Böses. Die Erfüllung des Gesetzes ist also die Liebe.* Seht ihr, was Paulus sofort macht? Er erklärt uns sofort, was gut und böse ist. Es ist das Gesetz Gottes, das das bestimmt – nicht das Gesetz des Staates. Der Staat soll uns schützen vor Ehebrechern und Mördern und Dieben und allen, die Gottes Gebote brechen und den Nächsten nicht lieben, sondern ihm Böses tun. Und wenn der Staat seine gottgegebene Aufgabe erfüllt, wenn er wirklich als Dienerin Gottes handelt, dann handelt er in Übereinstimmung mit Gottes Gesetz und belohnt das, was gut ist nach Gottes Maßstab, und bestraft das, was böse ist nach Gottes Maßstab. Und dann können wir uns dem Staat ohne Schwierigkeiten und voller Freude unterwerfen. Denn das, was der Staat belohnt, und das, was Gottes Gesetz von uns fordert, ist deckungsgleich. Und das, was der Staat bestraft, und das, was Gottes Gesetz uns verbietet, ist deckungsgleich. Seht ihr, so hat Gott sich das gedacht. Der Staat ist uns nicht zum Schrecken, sondern zum Guten, denn er belohnt uns für das, was Gott gebietet, dass wir es tun sollen, und bestraft uns für das, was Gott verbietet, dass wir es tun; und so handelt er als Rächer und Richter für Gott.

Aber wir alle wissen, dass es Regierende und Staaten gibt, die so gottlos sind, dass sie diese gottgegebene Aufgabe nicht mehr erfüllen. Dass sie nicht mehr das Gute belohnen und das Böse bestrafen, sondern dass sie das Böse gut nennen und das Gute böse; dass sie Finsternis zu Licht machen und Licht zu Finsternis; Bitteres zu Süßem und Süßes zu Bitterem; dass sie den belohnen, der das Böse tut, und den bestrafen, der das Gute tut. Wir wissen das, Paulus wusste das, Gott weiß das, denn er hat unzählige Herrscher und Staaten gerichtet für all das Böse, das sie taten. Das hier ist also keine Beschreibung, wie jeder Staat immer ist. Das ist eine Beschreibung, wie der Staat sein soll. Der Staat kann davon abirren und es ins Gegenteil verkehren. Wenn ein Staat so handelt, dann erfüllt er nicht mehr seine gott-gegebene Aufgabe, sondern er handelt gegen Gott; dann gebraucht er nicht mehr die Macht, die Gott ihm verliehen hat, sondern er missbraucht sie; dann ist er nicht mehr eine Dienerin Gottes, sondern eine Dienerin Satans. Es gibt satanische Staaten. Und natürlich bleibt der Staat selbst als Diene-rin Satans immer noch eine Dienerin Gottes, so wie der Satan selbst ein Diener Gottes ist, denn Gott gebraucht sie immer noch für seine Zwecke, aber nun zu ihrem eigenen Gericht und Verderben.

Tatsächlich kann kein Staat den Auftrag Gottes vollkommen von sich weisen. Wir alle leben in Gottes Welt, und wir können gegen Gottes Spiel-regeln nur bis zu einem gewissen Maß verstoßen. Ein Staat, der überhaupt nicht mehr das Böse straft, kann nicht bestehen, sondern wird schnell un-tergehen. Deshalb sind auch im größten Unrechtsregime Mord und Dieb-stahl weiterhin strafbar. Und deshalb widersetzen wir uns als Christen einer staatlichen Macht auch nicht insgesamt. Wir sagen nicht: „Jetzt ist der Staat so böse geworden, dass ich ihm gar nicht mehr gehorche", sondern wir un-terwerfen uns selbst einem Unrechtsstaat überall dort, wo er Gutes belohnt und Böses bestraft, und widersetzen uns ihm nur in solchen Dingen, wo das nicht mehr der Fall ist. Und natürlich unterwerfen wir uns auch überall da, wo es neutral ist. Hier im Ort gilt mittlerweile fast überall Tempo 30. Das ist neutral für uns. Es ist nicht neutral, dass die Stadt das angeordnet hat, son-dern es ist böse, denn die Stadt beschränkt damit die Freiheit ihrer Bürger aufgrund einer gottlosen Ideologie. Aber für uns ist es nicht böse, 30 km/h zu fahren, und daher halten wir uns daran. Es gibt Dinge, die für uns neu-tral sind. Selbstverständlich ordnen wir uns in diesen Dingen auch unter.

Ihr seht, es gibt kein Recht des Christen zum Widerstand, es gibt nur die Pflicht zum Widerstand. Entweder verlangt der Staat von uns etwas Gu-tes oder etwas Neutrales, dann sind wir verpflichtet, uns dem Staat zu un-terwerfen, oder er verlangt von uns etwas Böses, dann sind wir verpflichtet, uns ihm zu widersetzen. Das ist dann kein Recht, sondern eine Pflicht.

Also, wann genau müssen wir uns dem Staat widersetzen? Aus dem bisher Gesagten können wir drei Kategorien ableiten. Wir widersetzen uns dem Staat: (1) wenn der Staat etwas verbietet, was Gott gebietet; (2) wenn der Staat etwas gebietet, was Gott verbietet; und (3) wenn der Staat etwas gebietet, das zu gebieten er keinen von Gott verliehenen Auftrag besitzt – dieser Punkt ist etwas kritischer. Lasst uns diese drei Punkte kurz anschau-en.

A) Wir widersetzen uns, wenn der Staat etwas verbietet, was Gott gebietet

Das bekannteste Beispiel hierfür im Neuen Testament findet sich wohl in Apg 5. Dort werden die Apostel vor den Hohen Rat gestellt, und der Hohe Priester klagt sie an, dass sie ihnen verboten hatten, in Jesu Namen zu lehren, sie es aber dennoch taten. Und daraufhin heißt es: [29] *Petrus und die Apostel aber antworteten und sprachen: Man muss Gott mehr gehorchen als Menschen.* Gott gebietet uns, Jesus zu verkündigen. Wenn der Staat uns das verbietet, verbietet er etwas, was Gott gebietet; er bestraft etwas, was gut ist, und damit handelt er nicht als Gottes Dienerin und außerhalb der ihm von Gott verliehenen Autorität, und wir müssen Gott mehr gehorchen als Menschen und uns dem Staat widersetzen.

Ein weiteres Beispiel finden wir in Dan 6. Dort lesen wir, dass der König Darius die Verordnung erlässt: [8] *(...) dass jeder, der innerhalb von dreißig Tagen an irgendeinen Gott oder Menschen eine Bitte richtet außer an [den] König, in die Löwengrube geworfen werden soll.* Wie reagiert Daniel auf dieses Gebot des Königs? Dan 6: [11] *Und als Daniel erfuhr, dass das Schriftstück ausgefertigt war, ging er in sein Haus. Er hatte aber in seinem Obergemach offene Fenster nach Jerusalem hin; und dreimal am Tag kniete er auf seine Knie nieder, betete und pries vor seinem Gott, wie er es auch vorher getan hatte.* [12] *Da stürzten jene Männer herbei und fanden Daniel betend und flehend vor seinem Gott.* Daniel überlegt nicht lange. Gott gebietet ihm, ihn anzubeten; der König verbietet es. Daniel gehorcht Gott mehr als Menschen und widersetzt sich dem König; sofort und am offenen Fenster, sodass alle es mitbekommen können, und wird dafür in die Löwengrube geworfen.

Wurde Daniel wegen seines Glaubens verfolgt? Viele Christen müssten jetzt sagen: nein. Denn das Gesetz richtete sich nicht ausschließlich gegen Juden. Es betraf alle. Sogar Atheisten, denn man durfte nicht einmal von einem Menschen etwas erbitten. Und es war auch noch zeitlich begrenzt auf gerade einmal dreißig Tage. Seht ihr, wie töricht diese Argumentation ist? Natürlich wurde Daniel verfolgt, denn wegen seines Glaubens konnte er das Gesetz nicht befolgen und wurde deshalb vom Staat bestraft. Das ist Verfolgung: wenn der Staat dich bestraft wegen deines Glaubens. Es spielt überhaupt keine Rolle, ob auch noch andere betroffen sind. Ich glaube nicht, dass sich alle Christen dem Staat so offen und provokativ widersetzen müssen, wie Daniel es tat. Ich glaube, man darf sich auch weniger auffällig widersetzen, man darf vor der Verfolgung fliehen. Aber einige Männer und Frauen sind dazu berufen, dies so offen zu tun und die Konsequenzen zu tragen.

B) WIR WIDERSETZEN UNS, WENN DER STAAT ETWAS GEBIETET, WAS GOTT VERBIETET

Ein Beispiel hierfür finden wir Dan 3. Dort lesen wir, wie der König Nebukadnezar ein goldenes Standbild anfertigen lässt und alle Würdenträger seines Reiches zu dessen Einweihung einlädt. Und dann heißt es: *⁴ Und der Herold rief laut: Euch wird befohlen, ihr Völker, Nationen und Sprachen: ⁵ Sobald ihr den Klang des Horns, der Rohrpfeife, der Zither, der Harfe, der Laute, des Dudelsacks und alle Arten von Musik hört, sollt ihr niederfallen und euch vor dem goldenen Bild niederwerfen, das der König Nebukadnezar aufgestellt hat. ⁶ Wer aber nicht niederfällt und anbetet, der soll sofort in den brennenden Feuerofen geworfen werden.* Und die drei Freunde von Daniel, Schadrach, Meschach und Abed-Nego, oder wie sie eigentlich hießen: Hananja, Mischaël und Asarja, gehorchen nicht. Das muss man sich mal vorstellen: Da werfen sich alle nieder, tausende von Leuten, und drei Männer bleiben stehen! Gott verbietet es, andere Götter oder Götterbilder anzubeten. Wenn der Staat uns das gebietet, gebietet er etwas, was Gott verbietet, und damit handelt er nicht als Gottes Dienerin und außerhalb der ihm von Gott verliehenen Autorität, und wir müssen Gott mehr gehorchen als Menschen und uns dem Staat widersetzen.

Wurden Schadrach, Meschach und Abed-Nego wegen ihres Glaubens verfolgt? Immerhin richtete sich das Gebot des Königs an alle Menschen. Die hatten alle ihre eigenen Götter und mussten sich alle niederwerfen. Natürlich ist das Verfolgung, weil sie diesem Gebot wegen ihres Glaubens nicht gehorchen konnten und deshalb bestraft wurden. Irgendwann müsste doch auch der Letzte mal verstehen, was Verfolgung ist! Es geht nicht darum, ob es nur dich betrifft. Wenn man so argumentiert, dann soll man bitte zu den Pastoren in China gehen, die im Gefängnis sitzen und ihnen sagen: „Du bist übrigens nicht hier, weil du verfolgt wirst, denn da hinten sind ja auch ein paar Moslems." Das ist totaler Unsinn!

Noch ein Beispiel: die hebräischen Hebammen, Ex 1: *¹⁵ Und der König von Ägypten sprach zu den hebräischen Hebammen, von denen die eine Schifra und die andere Pua hieß, ¹⁶ und sagte: Wenn ihr den Hebräerinnen bei der Geburt helft und bei der Entbindung seht, dass es ein Sohn ist, dann tötet ihn, wenn es aber eine Tochter ist, dann mag sie am Leben bleiben. ¹⁷ Aber weil die Hebammen Gott fürchteten, taten sie nicht, wie ihnen der König von Ägypten gesagt hatte, sondern ließen die Jungen am Leben.* Der Pharao gebietet etwas Böses, und die Hebammen widersetzen sich. Und später lesen wir noch, dass sie den Pharao sogar belügen, ähnlich wie später auch Rahab die Staatsgewalt belog, um die israelitischen Späher zu schützen. Und sowohl die Hebammen als auch Rahab werden für ihren Widerstand gegen die Staatsmacht nicht getadelt, sondern für ihren Glauben und ihre Gottesfurcht gelobt und von Gott belohnt.

c) Wir widersetzen uns, wenn der Staat etwas verbietet oder gebietet, das zu verbieten oder gebieten er keine von Gott verliehene Macht besitzt

Wir unterwerfen uns nur den staatlichen Mächten, die uns tatsächlich übergeordnet sind, und nur insoweit als sie uns tatsächlich übergeordnet sind. Dieser Punkt ist etwas schwieriger, und ich möchte ihn in zwei Unterpunkte aufteilen:

Zum einen widersetzen wir uns, wenn der Staat in Rechte eingreift, die uns von Natur aus als im Bilde Gottes geschaffenen Kreaturen zukommen. Alle Menschen haben von Natur aus, von der Schöpfung her unveräußerliche Rechte, in die niemand, auch kein Staat, eingreifen darf: das Recht, zu arbeiten und sich und seine Familie zu versorgen; das Recht zu heiraten und diese Hochzeit auch zu feiern, nicht nur eine Unterschrift zu leisten auf einem Zettel; das Recht eine Familie zu haben und diese auch zu besuchen und in den Arm zu nehmen, als Vater bei der Geburt seines Kindes dabei sein zu dürfen oder als Tochter die Hand der sterbenden Mutter zu halten. Diese Dinge sind von Natur aus unser Recht, das uns niemand nehmen darf. Vielleicht kann man auch hinzufügen, unbehindert atmen zu dürfen und nicht irgendwelche Stofffetzen vor dem Mund tragen zu müssen. Wenn der Staat diese Dinge verbietet, die unsere natürlichen Rechte sind, handelt er satanisch, und wir müssen uns widersetzen.

Zum anderen widersetzen wir uns, wenn der Staat in einen Herrschaftsbereich hineinregiert, der nicht ihm, sondern einem anderen von Gott verordnet wurde. Man unterscheidet dabei biblisch in mindestens drei von Gott verordnete Herrschaftsbereiche: die Familie, die Kirche und der Staat. Der Staat hat kein Recht, in die Belange eines dieser anderen Herrschaftsbereiche, der Familie oder der Kirche, einzugreifen. Er muss sich da komplett raushalten. Das heißt nicht, dass es keine Überschneidungen geben kann. Wenn der Vater seinen Sohn totschlägt, dann bestraft der Staat ihn, und der Vater kann nicht sagen, es handele sich dabei um eine Familienangelegenheit. Dies sind natürliche Überschneidungen. In der Bibel haben wir die Beispiele von König Saul und König Usija, die beide Aufgaben übernehmen wollten, die nur den Priestern zustanden. Beide wurden für diesen Übergriff in den Herrschaftsbereich der Kirche von Gott gestraft.

Um das zu verdeutlichen, lasst mich ein Beispiel aus den Herrschaftsbereichen Familie und Kirche nehmen. Die Schrift gebietet den Christen Hebr 13: *17 Gehorcht und fügt euch euren Führern!* Ihr habt mir zu gehorchen und euch mir zu fügen. Wenn ich euch jetzt gebiete, dass ihr zuhause nur noch Hühnersuppe essen dürft, solltet ihr euch fügen und mir gehorchen? Immerhin ist es keine Sünde, Hühnersuppe zu essen. Vielleicht tue ich das sogar aus liebender Fürsorge um euch, weil ich überzeugt bin, dass Hühnersuppe super gesund ist. Die Antwort ist offensichtlich: Nein, ihr dürftet mir nicht gehorchen! Weil ich etwas fordern würde, was ich nicht fordern darf, denn es liegt außerhalb meines Herrschaftsbereichs, außerhalb der Macht, die Gott mir verliehen hat. Wenn ich so etwas geböte, wäre ich ein Tyrann und kein treuer Diener Gottes. Und wenn ein Vater von euch mir gehorchen würde, und es gäbe bei ihm zuhause nur noch Hühnersuppe, dann würde er sogar sündigen. Denn: (1) Er gibt den Verantwortungsbereich, den Gott ihm für sein Haus zugewiesen hat, an mich ab und handelte damit nachlässig und treulos. (2) Er liebt mich nicht, denn er ermahnt mich nicht durch Wort und Widerstand, dass ich nicht tyrannisch über die Gemeindeglieder herrschen darf, weil ich mir dadurch Gottes Gericht zuziehe. Und (3) er liebt auch seinen Nächsten nicht, seine Brüder und Schwestern, denn er unternimmt nichts, um sie vor meiner Tyrannei zu schützen.

Für das Verhältnis zwischen Staat und Kirche gilt aber das Gleiche. Aber Achtung: Dabei geht es nicht um Maßnahmen des Staates, die nur indirekt den Gottesdienst betreffen. Der Staat kann einer Kirche vorschreiben, dass in das Kirchengebäude ein neuer Notausgang einzubauen ist. Das mag vielleicht auch weitere Auswirkungen haben, vielleicht fallen dadurch fünf Sitzplätze weg. Aber das ist nur eine indirekte Folge, das muss die Kirche hinnehmen. Seht, deswegen sind die ständigen Einwände: „Aber das Baurecht!" unsinnig. Leute denken sich immer seltsamere Beispiele aus. Ich habe jetzt gelesen: „Was ist, wenn der Staat aufgrund politischer Streitigkeiten einen Einfuhrstopp für Wein verhängt und wir daher keinen Wein für das Herrenmahl mehr haben?" Nun, mit dieser Geschichte mag man vielleicht versuchen, uns zu verwirren, aber man ist selbst verwirrt. Denn das ist das Gleiche wie das Baurecht. Der Staat greift damit nicht direkt in den Gottesdienst ein. Er tut etwas, das indirekte Auswirkungen haben kann. Aber der Staat darf keine Verordnungen erlassen, die direkt in den Gottesdienst eingreifen, weder in den Inhalt der Verkündigung noch in die äußere Ausgestaltung des Gottesdienstes. Der Staat hat dazu kein Recht. Denn denkt daran: Der Staat ist nicht allmächtig. Ich fürchte, viele Christen haben unbewusst diese säkulare Weltsicht übernommen, dass über dem Staat nichts mehr stehe und der Staat deshalb so ziemlich alles dürfe. Das ist nicht wahr! Über dem Staat steht Gott, der alleinige Machthaber. Und er hat nur einen Teil seiner Macht auf den Staat delegiert, und diese Macht ist begrenzt.

Und wenn wir uns als Kirche den Übergriffen des Staates nicht widersetzen, sündigen wir, genauso wie der Vater sündigen würde, der sich meiner Hühnersuppendiät nicht widersetzt. Wir Pastoren sündigen, denn Gott hat uns eingesetzt über die Belange der Kirche, über die Seelen unserer Schafe, und wir müssen Gott dafür Rechenschaft geben. Wenn wir zulassen, dass der Staat in unseren Verantwortungsbereich hineinregiert, handeln wir nachlässig und treulos. Und wir alle sündigen, denn wir lieben und ehren den Staat nicht. Hinter dem Staat stehen ja Menschen, die irgendwann ihrem Schöpfer gegenübertreten werden und sich verantworten müssen für ihre Handlungen. Wir dürfen sie nicht einfach ins Verderben laufen lassen, sondern wir müssen ihnen durch unseren Widerstand zeigen, dass sie nicht als Tyrannen herrschen dürfen, da sie sich dadurch den Zorn Gottes aufhäufen. Und schließlich lieben wir auch unseren Nächsten, unsere Brüder und Schwestern nicht, wenn wir einfach widerstandslos zulassen, dass der Staat uns unsere Freiheiten nimmt, für die unsere Brüder und Schwestern in vergangenen Jahrhunderten gekämpft und gelitten haben und gestorben sind. Und wenn der Staat erst einmal gemerkt hat, wie widerstandslos er seinen Herrschaftsbereich ausdehnen kann, wieso sollte er nicht weitermachen? Unsere Kinder und Enkelkinder müssen dann unter unseren Versäumnissen leiden. Daher ist es lieblos, wenn wir nicht eifersüchtig über unsere Freiheiten wachen. Man könnte jetzt noch vieles dazu sagen, was das für unsere derzeitige Situation bedeutet, aber die Zeit reicht nicht, und es ist mir wichtiger, wir verstehen die Grundlagen, denn dann können wir diese auch auf wechselnde Situationen anwenden. Wer will, kann sich ergänzend noch einmal unsere Stellungnahme durchlesen, in der wir einige aktuelle Aspekte behandeln.

Als Christen unterwerfen wir uns mit unserer Seele dem Staat, wann immer er das Gute von uns fordert. Aber wir widersetzen uns dem Staat auch immer, wenn er das Böse von uns fordert und sich als Tyrann gebiert. Denn dann widerstehen wir nicht der Anordnung Gottes, sondern wir bestätigen sie. Wie der schottische Reformator John Knox sagte: „Widerstand gegen Tyrannei ist Gehorsam gegenüber Gott."

Christlicher Widerstand ist immer gewaltfrei. Wir bitten, wir ermahnen, wir überführen, und wir verweigern den Gehorsam. Und unser Widerstand ist stets begleitet von Gebet für die Obrigkeit und stets respektvoll und mit Ehrerbietung. In Apg 23 lesen wir, dass der Hohe Priester Hananias befiehlt,

Paulus auf den Mund zu schlagen. Und dann heißt es: *³ Da sprach Paulus zu ihm: Gott wird dich schlagen, du getünchte Wand! Und du, sitzt du da, mich nach dem Gesetz zu richten, und, gegen das Gesetz handelnd, befiehlst du, mich zu schlagen? ⁴ Die Dabeistehenden aber sprachen: Schmähst du den Hohen Priester Gottes? ⁵ Und Paulus sprach: Ich wusste nicht, Brüder, dass es der Hohe Priester ist; denn es steht geschrieben: „Von dem Obersten deines Volkes sollst du nicht schlecht reden."* Der Hohepriester wurde von Gott geschlagen, und er war eine getünchte Wand. Aber er war der Oberste des Volkes, und von dem spricht man nicht so. Ihr Lieben, das hat auch mich sehr gedemütigt. Wir müssen aufpassen, wie wir über unsere Obersten sprechen. Mögen sie noch so schlimm und gottlos sein, wir dürfen nicht respektlos von ihnen sprechen.

Seht ihr, wenn wir uns so dem Staat widersetzen, ist das dann nicht sogar ein Beweis unserer Unterordnung? Wenn ein Vater etwas Böses tun will, wenn er sein Haus in Brand stecken will mit seiner Frau und den beiden Töchtern darin, sollten seine Söhne ihm nicht in den Arm fallen und ihn davon abhalten? Wäre nicht gerade das ein Beweis ihrer Liebe und Unterordnung? Und wäre es nicht lieblos und rebellisch, den Vater gewähren zu lassen? Es ist Unterordnung, wenn wir dem Staat so widerstehen.

Eine besondere Pflicht zum Widerstand trifft die, welche selbst in untergeordneten staatlichen Positionen sind. Wenn unser Ministerpräsident erkennt, dass die Beschlüsse der Bund-Länder-Konferenz böse sind, darf er sie in seinem Land nicht umsetzen. Wenn die Mitarbeiterin einer Ordnungsbehörde erkennt, dass ihre Anweisungen böse sind, darf sie sie nicht umsetzen. Wenn ein Polizist erkennt, dass die Maßnahmen böse sind, darf er sie nicht durchsetzen. Er muss sagen: „Nein, ich löse diesen Gottesdienst nicht auf, ich verhänge dieses Bußgeld nicht, ich nehme diesen Pastor nicht mit auf die Wache." Es ist ihre Pflicht, sich zu widersetzen und die, die ihnen untergeordnet sind, zu schützen.

Selbst, wenn wir uns widersetzen, tun wir dies in einer Haltung der Unterwürfigkeit. Und das heißt auch, dass wir die Folgen unseres Widerstands bereitwillig tragen. Denn uns muss bewusst sein: Der Staat hat das Schwert, und er kann davon Gebrauch machen. Er kann den Polizisten, der sich widersetzt, entlassen, er kann uns mit Bußgeldern überziehen und uns wirtschaftlich ruinieren, er kann uns ins Gefängnis werfen, wie unseren Bruder Pastor James Coates, und er kann uns sogar töten. Wir brauchen uns nicht zu fürchten, denn dann handelt er nicht als Gottes Dienerin. Das ist nicht der Zorn Gottes, der über uns kommt. Aber der Staat kann es tun. Er hat das Schwert, und er kann es missbrauchen. Aber unserem Herrn ist alle Macht gegeben im Himmel und auf Erden. Er kann das Urteil des Staates überschreiben. Er rettete Daniel aus der Löwengrube und die drei Freunde aus dem Feuerofen vor dem sicheren Tod, als der Staat sie töten wollte. Er schützte und segnete die hebräischen Hebammen und Rahab. Aber häufig, wenn Christen sich dem Staat widersetzen, macht der Staat vom Schwert Gebrauch, und wir leiden.

Ich möchte noch ein Beispiel nennen. Die erste große Christenverfolgung in Rom kam, weil die Christen sich weigerten zu sagen: „caesar kyrios – Caesar, der Kaiser, ist Herr", und ein wenig Räucherwerk in eine Schale zu werfen. Auch das betraf übrigens alle. Das richtete sich nicht nur gegen die Christen, alle mussten das tun. Aber die Christen widersetzten sich. Wie einfach wäre es gewesen, zu sagen: „caesar kyrios, das kann ich doch sagen. Der Kaiser ist ja auch ein Herr, eben der Herr des Römischen Reiches. Aber in meinem Herzen weiß ich, Jesus ist der Herr." Wie einfach hätten die drei Freunde Daniels sagen können: „Dann beuge ich mich eben vor einem Götzenbild, aber dabei rufe ich in meinem Herzen den Herrn an, und er weiß doch, wie ich es wirklich meine." Wir müssen aufpassen! Wir sollen nicht leichtfertig in Verfolgung laufen, aber wir müssen aufpassen, dass wir nicht den Zeitpunkt verpassen, an dem wir Widerstand leisten müssen. Die ersten Christen haben dafür auf Arten und Weisen gelitten, die man nicht nennen kann. Es ist unfassbar, was sie erlitten haben, und trotzdem haben sie nicht gesagt: „caesar kyrios." Ich weiß nicht, wie viele Christen heute noch so standhaft wären. Lasst uns schauen, dass wir wirklich feststehen!

Der Staat kann von dem Schwert Gebrauch machen. Der Apostel Jakobus wurde von König Herodes mit dem Schwert getötet, das wissen wir aus der Schrift. Und nach der kirchlichen Überlieferung wissen wir noch das Folgende: Apostel Petrus wurde in Rom mit dem Kopf nach unten an einem X-förmigen Kreuz gekreuzigt. Matthäus wurde in Äthiopien mit dem Schwert getötet. Johannes wurde zur Zeit der Verfolgungen in Rom in einem Bad mit kochendem Öl gekocht. Er überlebte wie durch ein Wunder und wurde auf die Insel Patmos verbannt. Jakobus, Jesu Bruder, wurde von der südöstlichen Zinne des Tempels geworfen, als er sich weigerte, seinem Glauben an Christus abzusagen. Als festgestellt wurde, dass er den Sturz überlebt hatte, schlugen seine Feinde ihn mit einer Keule zu Tode. Bartholomäus war Missionar in Asien. Er bezeugte das Wort Gottes auf dem Gebiet der heutigen Türkei und wurde wegen seiner Predigten in Armenien gequält, gepeitscht und enthäutet. Andreas wurde an einem X-förmigen Kreuz in Griechenland gekreuzigt, nachdem er von Soldaten grausam gepeitscht worden war. Am Kreuz hängend predigte er noch zwei Tage lang zu seinen Peinigern, bis er starb. Der Apostel Thomas wurde während einer seiner Missionarsreisen nach Indien, wo er eine Kirche gründen wollte, mit einem Speer niedergestochen. Matthias, der Apostel, der ausgewählt wurde, um Judas Iskariot zu ersetzen, wurde gesteinigt und enthauptet. Der Apostel Paulus saß mehrmals im Gefängnis, wurde gefoltert und von Kaiser Nero in Rom im Jahr 67 enthauptet. Wir können nicht mit Sicherheit sagen, ob jedes Detail hiervon stimmt, aber es ist klar, in welcher Tradition wir stehen. Und es ließen sich unzählige weitere Märtyrer aufzählen. Viele von ihnen widersetzten sich dem Staat und wurden dafür eingesperrt, gequält und getötet. Sie nahmen ihr Kreuz auf sich und folgten Jesus nach. Aber keiner dieser Märtyrer hat es bereut. Denn sie übergaben sich dem, der gerecht richtet. Mag der Staat uns auch ungerecht richten, Gott wird uns gerecht richten, und unser Lohn wird groß sein im Himmel.

Und so wollen auch wir freudig bereit sein, Verfolgung zu leiden, und nicht aufhören, das Gute zu tun. Wie wir lesen in Apg 5: *[40] Und als sie die Apostel herbeigerufen hatten, schlugen sie sie und geboten ihnen, nicht im Namen Jesu zu reden, und entließen sie. [41] Sie nun gingen aus dem Hohen Rat fort, voller Freude, dass sie gewürdigt worden waren, für den Namen Schmach zu leiden; [42] und sie hörten nicht auf, jeden Tag im Tempel und in den Häusern zu lehren und Jesus als den Christus zu verkündigen.* Du tust das Gute, du widersetzt dich dem Staat, der Staat bestraft dich, du freust dich und hörst nicht auf, das Gute zu tun. Du gehst sofort wieder in den Tempel, an den öffentlichsten Ort mit den meisten Menschen und du tust weiter, was der Staat dir verboten hat. Das ist christlicher Widerstand.

Lasst uns ermutigt sein durch die Worte unseres Herrn in Offb 2: *[10] Fürchte dich nicht vor dem, was du leiden wirst! Siehe, der Teufel wird einige von euch ins Gefängnis werfen, damit ihr geprüft werdet, und ihr werdet Bedrängnis haben zehn Tage. Sei treu bis zum Tod! Und ich werde dir den Siegeskranz des Lebens gebe.* Amen.

ANHANG:
ERKENNTNIS AUS DEM RÖMERBRIEF

Edgar Franz

Die Staatsmacht ist von Gott gegeben
und für die Herrscher nur geliehn.
Gott wird die Herrscher für ihr Streben
zur Rechenschaft mit Vollmacht ziehn.

Sie dürfen keinesfalls verfügen,
was Gott, der Herr, verboten hat.
Die Herrscher müssen Gott genügen
wie Bürger auch in einem Staat.

Erst recht, wenn sie sich christlich nennen,
ob Diener oder ob Tribun,
sie müssen sich zu Gott bekennen
und Seinen, Gottes Willen tun.

Zum andern muss der Staat erfüllen,
was Gott, der Herr, geboten hat.
Es gehe nicht nach Herrschers Willen,
der Wille Gottes finde statt!

Denn wenn die Herrscher das verlangen,
was Gottes Wort entgegensteht,
dann müssen sie Protest empfangen,
damit es christlich weitergeht.

Man muss sich Gottes Willen beugen
vor jedem falschen Menschenwort,
muss seinen Glauben fest bezeugen
zu jeder Zeit, an jedem Ort!

Den Willen Gottes zu erfüllen,
ist Pflicht für Zar und Untertan,
sonst maßt der Mensch nach seinem Willen
sich unerlaubte Rechte an.

TEIL 3

HILFESTELLUNG FÜR EINEN BIBLISCHEN UMGANG MIT DER CORONA-IMPFUNG

Tobias Riemenschneider und Peter Schild

VORWORT

Jeder aber sei in seinem eigenen Sinn völlig überzeugt!
(…) Alles aber, was nicht aus Glauben ist, ist Sünde.
Römer 14,5b.23b

Diese Hilfestellung richtet sich an Christen, die eine Corona-Impfung aus Glaubens- oder Gewissensgründen ablehnen oder mit der Frage kämpfen, ob sie sich impfen lassen sollen oder nicht, enthält aber auch wichtige Hinweise für Christen, die bereits geimpft sind. Wir wissen von vielen Geschwistern im deutschsprachigen Raum, welche die Impfung ablehnen und sich deswegen mit existentiellen Sorgen konfrontiert sehen und zunehmend mit Furcht und Verzagtheit zu kämpfen haben. Dabei sind sie oft von der eigenen Gemeinde und den eigenen Pastoren verlassen, die ihre Nöte nicht nachvollziehen können oder sie sogar von dem Gottesdienst und der Gemeinschaft der Heiligen ausschließen. Für viele Christen ist dies die schwerste Glaubensprüfung, die sie je erlebt haben.

Diese Hilfestellung entstand aus dem tief empfundenen Wunsch heraus, diese Geschwister in ihrer Not nicht allein zu lassen, sondern ihnen mit biblischem Rat und biblischer Ermutigung zur Seite zu stehen und sie in dieser schwierigen Zeit zu trösten.

1. AKTUELLE SITUATION

Der Druck auf Menschen, die sich nicht gegen Corona impfen lassen wollen bzw. Bedenken gegen die Impfung haben, hat ein unerträgliches Maß erreicht. Vom gesellschaftlichen und wirtschaftlichen Leben und nun auch vom Arbeitsleben sind Ungeimpfte weitgehend ausgeschlossen oder müssen sich den Zugang durch tägliche Tests erkaufen; dies gilt je nach Bundesland auch schon für Gottesdienste. Kürzlich kündigte Bundesgesundheitsminister Jens Spahn an, dass womöglich für das gesamte Jahr 2022 und darüber hinaus überall, außer im Rathaus und im Supermarkt, 2G gelten werde, und zwar unabhängig davon, wie gering die Inzidenz sein werde.[4] Gleichzeitig werden Ungeimpfte durch die allgegenwärtige staatliche und mediale Propaganda als Sündenböcke hingestellt, die wegen ihrer angeblichen Unvernunft und Rücksichtslosigkeit an den steigenden Infektionszahlen und den als alternativlos dargestellten, teilweise tyrannischen Maßnahmen des Staates schuld seien, wodurch der Hass auf Ungeimpfte in der Gesellschaft geschürt und unsere Gesellschaft gespalten wird.

Da der stetig erhöhte Impfdruck nicht ausreicht, um alle gefügig zu machen, wurde nun eine Impfpflicht für bestimmte Bereiche angekündigt, die dazu führen dürfte, dass etliche Menschen, die sich der Tyrannei nicht beugen wollen, ihren Arbeitsplatz verlieren werden. Auch die baldige Einführung einer allgemeinen Impfpflicht für die gesamte Bevölkerung, wie kürzlich in Österreich beschlossen, womöglich einschließlich der Kinder, kann mittlerweile als sicher gelten. Auch der designierte Bundeskanzler Olaf Scholz, der sich noch vor wenigen Wochen gegen eine Impfpflicht ausgesprochen hatte, will nun ein Gesetzgebungsverfahren zur Einführung einer Impfpflicht auf den Weg bringen.[5]

Es ist davon auszugehen, dass immer mehr Menschen dem Druck nicht mehr standhalten können und sich zur Impfung nötigen lassen werden. Wie können sich die Christen, die eine Impfung bisher aus Glaubens- oder Gewissensgründen ablehnen, nun verhalten?

2. GRUNDSATZ: IMPFUNG ALS GEWISSENSENTSCHEIDUNG

Da die Heilige Schrift keine Gebote enthält, die allgemein regeln, ob ein Christ sich impfen lassen dürfe oder nicht, ist diese Entscheidung grundsätzlich dem Gewissen eines jeden Christen überlassen. Daher können Christen auch zu unterschiedlichen Ergebnissen kommen. Das heißt jedoch nicht, dass man nach Belieben entscheiden könne. Vielmehr muss jeder Christ die (ihm bekannten) für die Entscheidung wesentlichen Kriterien sorgfältig prüfen und unter Anwendung biblischer Gebote und Grundsätze gegeneinander abwägen. Ist man dann in seinem eigenen Sinn völlig überzeugt, kann man aus Glauben handeln.[6] Welche Kriterien müssen wir als Christen also bei der Entscheidung über die Impfung berücksichtigen?

3. Kriterien für eine biblische Gewissensentscheidung

a) Impfung als Ausweg

Sehr schnell nach Beginn der Corona-Krise wurde die Impfung als der einzige Weg aus der Krise deklariert. Wenn der Corona-Kult eine neue Religion wäre, so wäre die Impfung ihr Weg der Erlösung. Nun mögen Christen angesichts des unerträglichen Drucks, des Raubes ihrer Freiheiten, der permanenten Brandmarkung und Diskriminierung vonseiten des Staates, der Medien, der Gesellschaft, des Arbeitgebers, der Arbeitskollegen, der Familie und womöglich der eigenen Gemeinde sowie der Angst vor dem Verlust der Lebensgrundlage und vor Zwangsmaßnahmen des Staates versucht sein, ihren Ausweg ebenfalls in der Impfung zu suchen. Vielleicht wird der Gedanke immer lauter: „Nur einen kleinen Piks für die Freiheit!"

Wir müssen uns bewusst sein, dass es mit einer Injektion nicht getan sein wird. Die aktuellen Infektionszahlen belegen, dass Menschen, die zwei Injektionen erhalten haben, keineswegs anhaltend immun sind. Mittlerweile gibt auch die Politik zu, dass die Injektionen weder einen anhaltenden Eigenschutz vor einer Corona-Infektion bieten noch eine Ansteckung anderer Menschen zuverlässig verhindern, sondern nur das Risiko eines schweren Krankheitsverlaufs beim Geimpften reduzieren.[7] Zudem dürften Mutationen des Virus', die gerade durch die Massenimpfungen begünstigt werden könnten,[8] die Wirksamkeit der Impfungen weiter herabsetzen.

Anstatt über Alternativen zur Impfung nachzudenken, wird die Erlösung aber in mehr Impfungen gesucht. So wird nun die dritte Injektion propagiert; in Israel bereits die vierte. Es ist nicht absehbar, dass nach diesen

Injektionen eine dauerhafte Immunität erreicht sein wird. Vielmehr müssen wir davon ausgehen, dass regelmäßig neue Injektionen gefordert werden, vermutlich alle sechs Monate, um sich seine Freiheiten und die Achtung durch die Gesellschaft zu erkaufen, und dies über Jahre hinweg. Bundesgesundheitsminister Jens Spahn kündigte bereits an, dass als geimpft nur noch gelten werde, wer „auffrischgeimpft" ist.[9] Auch der Vorsitzende des Weltärztebunds, Frank Ulrich Montgomery, erklärte kürzlich, dass es nötig sein werde, „die Welt noch jahrelang zu impfen".[10] Man entscheidet sich also nicht nur für einen Piks, sondern womöglich für ein langwährendes System sich ständig wiederholender Injektionen.

Da auch Geimpfte weiterhin Teil des Infektionsgeschehens sind, können auch bei einer vollständigen Durchimpfung der Bevölkerung künftige Restriktionen, wie Lockdowns, nicht ausgeschlossen werden, wie aktuell das Beispiel von Gibraltar zeigt, wo eine Durchimpfung der Bevölkerung erreicht ist und nun gleichwohl aufgrund der höchsten Inzidenzzahlen seit Beginn der Krise Veranstaltungen für Weihnachten abgesagt oder eingeschränkt werden.[11]

B) VERWENDUNG EMBRYONALER ZELLLINIEN[12]

Soweit bekannt, sind alle in Deutschland derzeit eingesetzten Corona-Impfstoffe unter Verwendung embryonaler Zelllinien entwickelt, hergestellt oder getestet worden. Diese Zelllinien wurden aus Gewebe abgetriebener Kinder gezüchtet, deren Organe für diesen Zweck unter grausamen Bedingungen „geerntet" wurden. Wie viele Kinder für diese Experimente getötet wurden, ist nicht bekannt. In einem Fall gab der Erfinder des Röteln-Impfstoffs, Dr. Stanley Plotkin, zu, mehr als siebzig Kinder für seine Forschungen zur Impfstoffentwicklung „verbraucht" zu haben.[13]

Gott gebietet uns, nicht zu töten.[14] Dies gilt auch für Kinder im Mutterleib,[15] deren Nieren der HERR bildet und die Er webt in Seinem Bild.[16] Zudem haben wir das Gebot, auch nicht an den Sünden anderer, etwa der abtreibenden Ärzte oder der Impfstoffentwickler, teilzuhaben.[17] Embryonale Zelllinien werden auch bei anderen Medikamenten und Impfstoffen verwendet, die wir, möglicherweise unwissend, bereits genommen haben. Dies entbindet uns aber nicht davon, nun, da wir um die Verwendung solcher Zelllinien wissen, zu prüfen, ob wir es mit unserem Gewissen und vor Gott vereinbaren können, solche Impfstoffe zu nehmen. Wir müssen uns fragen, ob wir dadurch letztlich mittelbar von der Ermordung etlicher Kinder und dem Raub ihrer Organe profitieren.

c) Gesundheitliche Risiken der Impfstoffe[18]

Das Gebot „du sollst nicht töten" umfasst grundsätzlich auch andere Schädigungen des Körpers oder der Gesundheit. Gott hat die Körper der Menschen gemacht, und die Körper der Christen sind besonders der Tempel Gottes,[19] und wir haben grundsätzlich kein Recht, sie zu schädigen. Dies gilt auch für unseren eigenen Körper.[20]

Während Politik und Medien massiv vor den Gefahren einer Corona-Infektion warnen, wird kaum über mögliche Gefahren der Impfung aufgeklärt. Um eine begründete Entscheidung treffen zu können, sollte man sich aber auch mit diesen ernsthaft befassen.

Bei den Impfstoffen handelt es sich um eine neuartige, genbasierte Technologie, die bisher nie für den Einsatz an Menschen zugelassen wurde und deren Testphasen im Vergleich zu denen aller anderen Impfstoffe, die bisher zugelassen wurden, extrem verkürzt (teleskopiert) wurden. Es können daher noch keine sicheren Aussagen über die möglichen Nebenwirkungen und Langzeitfolgen getätigt werden. Vielfältige, teils schwere und relativ häufige Nebenwirkungen sind bereits bekannt, wie etwa Thrombosen oder Herzmuskelentzündungen (Myokarditis). Aufgrund unzureichender Datenlage ist von einer hohen Dunkelziffer auszugehen. Zudem warnen einige Wissenschaftler, dass die Impfungen, gerade wenn sie stetig wiederholt werden, zur Bildung infektionsverstärkender Antikörper (ADE) führen können, die bei einer Corona-Infektion zu schwereren Krankheitsverläufen führen können, sodass sich die beabsichtigte Schutzwirkung der Impfungen ins Gegenteil verkehren könnte.

Jeder Christ muss daher nach bestem Wissen eine Abwägung vornehmen, ob für ihn persönlich das Risiko einer möglichen Covid-19-Infektion das Risiko der Impfung übersteigt. Eine solche Abwägung kann aufgrund der fehlenden Sicherheitsdaten zu Nebenwirkungen und Langzeitfolgen der Impfungen in vielen Fällen gegen die Impfung ausfallen; dies gilt insbesondere für jüngere, gesunde Menschen, für die eine Covid-19-Infektion relativ ungefährlich ist[21] (der Altersmedian der „an oder mit" Corona Verstorbenen in Deutschland liegt mit ca. 83 Jahren über der durchschnittlichen Lebenserwartung), sowie für Genesene, die eine natürliche Immunität gegen Covid-19 haben. Für Ältere mag die Risikoabwägung anders ausfallen.

Zudem tragen wir Verantwortung nicht nur für uns selbst, sondern auch für unsere Kinder. Für Kinder ist eine Infektion mit Covid-19 nahezu völlig ungefährlich.[22] Eine Impfung von Kindern kann daher vor dem Hintergrund der möglichen Nebenwirkungen der Injektionen nicht gerechtfertigt sein. Der Einwand, Kinder könnten ihre Großeltern anstecken, für die eine

Covid-19-Infektion dann gefährlicher sein könnte, greift nicht, weil die Injektionen eine Übertragbarkeit des Virus' nicht wirksam verhindern. In jedem Fall sollte die Gesundheit der Älteren nicht auf Kosten der Gesundheit der Kinder und Enkelkinder erkauft werden. Dies ist moralisch verwerflich.

d) Unterwerfung unter Lügen und Tyrannei[23]

Die Corona-Krise ist staatsseitig geprägt von Irreführung, Propaganda, offenkundigen Lügen, Panikmache und einschneidender Zensur sowie dem Raub gottgegebener und grundgesetzlich verankerter Freiheiten, wodurch unzählige Menschen auf vielfältige Weisen wirtschaftlich, sozial, gesundheitlich und seelisch schwer geschädigt werden. Dass dies unter dem Vorwand des Lebensschutzes geschieht, sollte uns nicht verwundern, denn unser Herr selbst lehrt uns, dass die Könige der Nationen über sie herrschen, und die Gewalt über sie üben, sich Wohltäter nennen lassen.[24]

Konkret über die Impfung hieß es etwa, dass man zur Normalität zurückkehren könne, wenn eine Impfung verfügbar sei. Dann, dass dies erst möglich sei, wenn allen Impfwilligen ein Impfangebot gemacht wurde. Dann, dass dies erst möglich sei, wenn infolge einer Impfquote von etwa zwei Drittel der Bevölkerung Herdenimmunität erreicht sei. Jetzt ist mit einer Impfpflicht für die gesamte Bevölkerung zu rechnen, die es nach früheren Aussagen von Spitzenpolitikern niemals geben würde.[25]

Der Platz würde nicht reichen, um all die Lügen in dieser Corona-Krise aufzuzählen. Warum wurden etwa inmitten dieser „epidemischen Lage nationaler Tragweite" Krankenhäuser in Deutschland geschlossen und tausende Intensivbetten abgebaut? Sind wirklich die Ungeimpften schuld, wenn das Gesundheitssystem an seine Grenzen stößt, oder nicht vielmehr der durch Einsparungen, Krankenhausschließungen, Personalmangel sowie schlechte Arbeitsbedingungen verursachte Pflegenotstand, der seit Jahrzehnten bemängelt wird? Oder wie lässt sich begründen, dass Ungeimpfte, die durch einen negativen Test nachgewiesen haben, dass sie nicht infektiös sind, von Veranstaltungen ausgeschlossen werden, während Geimpfte ungetestet und womöglich infektiös zugelassen werden? Dies hat nichts mit Wissenschaft oder Vernunft zu tun, sondern mit der Durchsetzung einer politischen Agenda, nämlich der Durchimpfung der gesamten Bevölkerung.

Gleichzeitig hat die Zensur ein Ausmaß erreicht, das man sonst nur aus Diktaturen kennt. Selbst Videos anerkannter Experten, die jahrzehntelang als Koryphäen auf ihrem Gebiet galten, werden umgehend als „Fake News" gelöscht, wenn sie dem offiziellen Corona-Narrativ widersprechen.

Dies allein sollte schon stutzig machen, denn die Wahrheit bräuchte den offenen Diskurs nicht zu scheuen.

Als Christen sollen wir die Wahrheit lieben und in der Wahrheit wandeln,[26] denn unser Herr ist die Wahrheit,[27] und Sein Wort ist Wahrheit.[28] Wir dürfen daher nicht Lügen glauben und nach Lügen leben, sondern sind verpflichtet, die Aussagen gottloser Politiker und Wissenschaftler, die sogar den Schöpfer selbst leugnen, zu prüfen und zu bewerten. Dies gilt selbstverständlich auch umgekehrt für Aussagen von Menschen, welche den Regierungsmaßnahmen kritisch gegenüberstehen. So sollten Christen sich insbesondere davor hüten, Predigern zu folgen, die zwar gegen die Maßnahmen sprechen, aber in anderen Bereichen Irrlehren vertreten.

Neben den Lügen macht sich der Staat die Menschen mit systematischer und oftmals willkürlich erscheinender Verbreitung von Angst und Schrecken durch immer neue Ankündigungen tödlicher Mutationen, Prognosen extremer Todeszahlen und der unmittelbar bevorstehenden Überlastung des Gesundheitssystems gefügig. Diesen Terror gebraucht der Staat dann, um die Menschen durch sich ständig ändernde drakonische Maßnahmen ihrer gottgegebenen und grundgesetzlich verankerten Freiheitsrechte seit nunmehr bald zwei Jahren zu berauben.

Nun macht der Staat mit der Impfung selbst vor dem Körper der Menschen nicht Halt, sondern nötigt sie, sich gegen ihren Willen Injektionen versetzen zu lassen. Hier greift der Staat in das grundgesetzlich geschützte Recht auf körperliche Unversehrtheit ein und überschreitet damit seine gottgegebene Autorität, denn unser Körper gehört nicht dem Staat, sondern dem Herrn, der ihn gemacht und zu Seinem Tempel erkoren hat.[29] Wir dürfen aber dem Kaiser nicht geben, was Gottes ist.[30]

Es handelt sich hierbei um einen Angriff auf die Gottesebenbildlichkeit des Menschen, dem seine Freiheiten und seine Würde als Mensch nur noch soweit und solange zuerkannt werden, wie er die vom Staat aufgestellten Bedingungen erfüllt. Wer sich dem verweigert, wird zu einem Menschen zweiter Klasse degradiert, der von der Gesellschaft geächtet und dem nur noch das zum Überleben Notwendige zugestanden wird. Diese Entmenschlichung erinnert an Diktaturen der Vergangenheit, wie einige Menschen, welche das NS-Regime oder die kommunistischen Regime der UdSSR oder der DDR noch selbst erlebt haben, bestätigen. Der Schutz der Menschen durch die Grundrechte sollte eigentlich verhindern, dass so etwas jemals wieder geschehen würde.

Selbst wenn man der Meinung ist, dass die Maßnahmen, wie die Impfung, an sich sinnvoll und nützlich sind, lässt sich biblisch nicht begründen, dass der Staat die Autorität habe, solche Maßnahmen zwangsweise anzuordnen und damit in die gottgegebene Würde der Menschen, welche ihren Ausdruck etwa in dem Recht auf Freiheit, auf Arbeit, auf Achtung, auf den eigenen Körper sowie in der Freiheit des Glaubens und des Gewissens findet, einzugreifen.

Wenn wir uns für die Impfung entscheiden, dann müssen wir prüfen, ob wir es mit unserem Gewissen vereinbaren können, uns diesem antichristlichen System der Lügen und der Tyrannei zu fügen und dadurch möglicherweise dessen Legitimität anzuerkennen, oder ob nicht vielmehr Widerstand gegen Tyrannei Gehorsam gegenüber Gott ist. Zudem ist zu befürchten, dass der Staat immer mehr von den Menschen fordern wird, wenn sie ihre Freiheiten behalten wollen, wie in den letzten einundzwanzig Monaten immer wieder geschehen. Wir müssen uns daher fragen, wo für uns die rote Linie ist, die wir nicht überschreiten werden. Es besteht die Gefahr, dass wir immer ein Stück mehr nachgeben und diese rote Linie immer weiter nach hinten schieben.

e) Das Malzeichen des Tieres?

Vor dem Hintergrund des vorstehend Gesagten stellt sich die Frage, ob die Impfung das Malzeichen des Tieres sein kann.[31] Wir glauben nicht, dass für das Zeichen des Tieres zwangsläufig ein sichtbares Zeichen an Stirn und Hand nötig ist. Vielmehr schöpft die Offenbarung aus dem Alten Testament. Die Israeliten sollten das Gebot des HERRN als Zeichen auf ihre Hand binden, und es sollte als Merkzeichen zwischen ihren Augen sein.[32] Sie sollten also denken und handeln, wie Gott es in Seinem Wort gebietet. Wer hingegen denkt und handelt wie das Tier, nimmt dessen Zeichen an. Auch das Bild des Tieres schöpft aus dem Alten Testament, das gottesfeindliche Staaten als Tiere darstellt.[33] Wer also nicht denkt und handelt gemäß der Wahrheit und den heiligen Geboten Gottes, sondern gemäß den Lügen und den gottlosen Geboten des antichristlichen Staates, nimmt das Malzeichen des Tieres an. Das Malzeichen erkennt man zudem daran, dass niemand kaufen oder verkaufen kann als nur der, welcher das Malzeichen hat.[34] Auch hier sind Parallelen zur derzeitigen Situation unverkennbar.

Zudem fallen Parallelen in der Kirchengeschichte auf. Der römische Kaiser Decius (†251) erließ Anfang des Jahres 250 ein allgemeines Opfergebot, das von jedem Einwohner des Römischen Reiches verlangte, vor einer Kommission zu erscheinen, um dem Kaiser zu opfern. Dafür erhielt man eine schriftliche Bestätigung, den *libellus*. Wer sich weigerte und keinen *libellus* vorzeigen konnte, galt als Staatsfeind und musste mit Verhaftung, Zwangsarbeit, Vermögensentzug, Verbannung oder dem Tod rechnen. Da Christen sich dem Opfergebot nicht unterordnen konnten, kam es zu einer blutigen Christenverfolgung. Diejenigen, welche sich dem Druck beugten und das Opfer darbrachten, galten als Abgefallene (*lapsi*). Umstritten war, wie man mit denen umgehen sollte, die sich den *libellus* erschlichen hatten, ohne zu opfern (*libellatici*), da auch sie gegenüber anderen den Eindruck erweckten, sie hätten den Göttern geopfert.

Auch wenn wir nicht glauben, dass die Impfung an sich das Zeichen des Tieres ist oder dass ein Christ, der sich impfen lässt, zwangsläufig abgefallen ist, müssen wir uns fragen, was unser Denken und Handeln bestimmt, wenn wir uns für die Impfung entscheiden, und ob wir dadurch dem Staat in einer sündhaften Weise gehorchen, weil wir ihn als Herrn über unsere Freiheit, unseren Körper und letztlich unsere Gottesebenbildlichkeit anerkennen und ihm damit geben, was allein Gottes ist. Sollte man die Impfung (und gewisse andere Regierungsmaßnahmen) nicht zumindest als Prüfung auffassen? Wenn wir schon jetzt dem Druck und der Verlustangst nicht standhalten können, werden wir dann fähig sein, standzuhalten, wenn es noch ärger kommt?

f) Das Gebot der Nächstenliebe[35]

Das Gebot der Nächstenliebe wird oft als Argument für die Impfung angeführt. Um ihren Nächsten vor Ansteckung zu schützen und eine Überlastung der Krankenhäuser zu verhindern, seien Christen verpflichtet, sich impfen zu lassen. Wir halten dies für eine Verdrehung der Wahrheit. Schon die Prämisse ist eine zweifache Lüge. Zum einen verhindert die Impfung nicht wirksam die Ansteckung anderer, sondern reduziert allenfalls das eigene Risiko schwerer Krankheitsverläufe. Zum anderen meint das Gebot der Nächstenliebe nicht, dass jeder Einzelne alles nur irgend Mögliche tun müsse, um abstrakt und nur potentiell das Risiko eines Kollektivs zu senken,[36] womöglich noch auf Kosten seiner eigenen Gesundheit oder der Unversehrtheit seines Gewissens.

Außerdem erscheint es uns evident, dass die meisten Menschen die Impfung keineswegs nehmen, um andere zu schützen, sondern um sich selbst zu schützen. Das Argument der Nächstenliebe ist in diesem Zusammenhang daher scheinheilig und moralisierend, und kein Christ sollte dadurch sein Gewissen beschweren lassen. Dem Gebot der Nächstenliebe werden wir, wie schon seit Jahrtausenden, dadurch gerecht, dass wir, wenn wir krank oder wahrscheinlich infektiös sind, darauf achten, andere nicht anzustecken.

Wenn man das Gebot der Nächstenliebe anführen will, dann kann man es sogar umdrehen und dahingehend argumentieren, dass der Widerstand gegen freiheitsberaubende und tyrannische Maßnahmen des Staates gerade ein Ausdruck von Nächstenliebe ist, da ich auch die Verletzung der Freiheitsrechte und der Würde meines Nächsten nicht hinnehmen und ihn vor Existenznöten, Hass und Diskriminierung schützen will. Der Widerstand gegen Tyrannei ist somit auch ein Kampf für meinen Nächsten sowie für unsere Kinder und Kindeskinder, damit auch diese in einem freiheitlichen Land leben können, in dem ihre Rechte, ihr Glauben und ihr Gewissen geschützt werden.

Allerdings kann die Nächstenliebe in besonderen Fällen tatsächlich für eine Impfung sprechen, wenn nämlich die Impfung an sich nicht als Akt der Nächstenliebe gesehen wird, sondern als Mittel zum Zweck, um Werke der Nächstenliebe tun zu können, denn das ist recht verstandene Nächstenliebe. Wer etwa seine kranke Mutter im Krankenhaus nur mit Impfnachweis besuchen kann oder wer seine Arbeit nicht verlieren möchte, damit er weiterhin seine Familie, seine Pastoren oder andere Geschwister (siehe unten) versorgen kann, wer seine Arbeit im Altenheim behalten möchte, weil er sich weiter um die Menschen kümmern und ihnen die Hoffnung des Evangeliums bringen möchte, oder wer in ein fremdes Land reisen möchte, um dort als Missionar das Evangelium zu verkündigen, kann gute Gründe haben, die für ihn die Impfung rechtfertigen. Das Argument der Nächstenliebe darf jedoch nicht als frommer Vorwand missbraucht werden.

G) AUSWIRKUNGEN AUF GESCHWISTER UND DIE GEMEINDE

Schließlich müssen wir bei unserer Entscheidung die möglichen Auswirkungen auf unsere Geschwister und unsere Gemeinde bedenken. Die Impfung birgt die große Gefahr, zu einer Spaltung auch in solchen Gemeinden zu führen, die bisher Einheit bewahren konnten, und zwar aus den folgenden Gründen:

Diejenigen, die sich aufgrund ihrer Glaubens- und Gewissensüberzeugungen nicht impfen lassen und deswegen existenzielle Sorgen haben oder tatsächlich in existenzielle Nöte geraten, weil sie etwa ihren Arbeitsplatz verlieren oder sich Zwangsgeldern oder Zwangshaft und am Ende womöglich einer Zwangsimpfung ausgesetzt sehen, könnten sich von Geschwistern, die sich für die Impfung als „leichten Ausweg" entschieden haben, in größten Nöten verlassen und verraten fühlen oder sie als ungeistlich, feige, untreu oder gar abgefallen verachten.

Umgekehrt könnten diejenigen, die sich impfen lassen, womöglich die Existenznöte ihrer Geschwister nicht mehr nachvollziehen und nicht mehr mit ihnen mitleiden, weil diese Nöte nicht mehr Teil ihrer eigenen Realität sind. Zudem könnten Geimpfte durch ihr eigenes Gewissen unter Rechtfertigungsdruck geraten, wenn sie sehen, dass ihre Geschwister für ihre Glaubensüberzeugung leiden, während sie selbst sich dem Leiden entzogen haben. Die geimpften könnten dann die ungeimpften Geschwister als stolz verachten, weil sie unnötigerweise leiden, um dadurch als heiliger dazustehen.

Der einzige Ausweg, den wir für die Gemeinden sehen, ist die gegenseitige Verpflichtung der Geschwister, sich wegen der Entscheidung für oder gegen die Impfung nicht gegenseitig zu verachten, sowie eine Verpflichtung der Geschwister, die sich impfen lassen, diejenigen zu trösten, die aufgrund ihrer Entscheidung gegen die Impfung in Nöte geraten, weil sie etwa ihre Arbeit verlieren, und zu ihrer Versorgung beizutragen. So, wie es Obadja tat, der seine privilegierte Stellung am Hof des Königs nutzte, um hundert Propheten des Herrn zu verstecken und mit Brot und Wasser zu versorgen.[37] Denn wenn ein Bruder oder eine Schwester dürftig gekleidet ist und der täglichen Nahrung entbehrt, aber jemand unter uns spricht zu ihnen: Geht hin in Frieden, wärmt euch und sättigt euch!, wir geben ihnen aber nicht das für den Leib Notwendige, was nützt es?[38] Und wenn jemand irdischen Besitz hat und sieht seinen Bruder Mangel leiden und verschließt sein Herz vor ihm, wie bleibt die Liebe Gottes in ihm?[39] Denn wir sind schuldig, für die Brüder das Leben hinzugeben.[40] Möge auch auf uns zutreffen, was von den ersten Christen geschrieben steht: *Die Menge der Gläubigen aber war ein Herz und eine Seele; auch nicht einer sagte von seinen Gütern, dass sie sein wären, sondern es war ihnen alles gemeinsam.*[41]

Als Pastoren werden wir auf die Einhaltung dieser Verpflichtungen sorgsam achten, um eine Spaltung der Gemeinde zu verhindern.

4. Exkurs: 3G/2G in Gemeinden

Gemeinden, die 3G- oder 2G-Regelungen strikt befolgen und Geschwister wegen fehlenden Test- oder Impfnachweises von der Teilnahme am Gottesdienst und der brüderlichen Gemeinschaft ausschließen, versündigen sich. Ob jemand Gott in der Versammlung anbeten darf, darf nicht von seinem Impfstatus oder einem Gesundheitszertifikat abhängig gemacht werden. Die Pastoren haben kein Recht, über Christi blutserkaufte Herde zu herrschen und die Gewissen der Geschwister zu binden, indem sie Menschengebote zur Voraussetzung für die Teilnahme an den Versammlungen und der Anbetung Gottes machen.

Christus, nicht der Kaiser, ist das Haupt der Gemeinde. Er allein bestimmt, unter welchen Voraussetzungen jemand zu Ihm kommen darf; und Er ruft durch Sein heiliges Evangelium alle zu sich, die mühselig und beladen sind,[42] nicht nur solche, die geimpft, getestet oder genesen sind, und verspricht, niemanden hinauszustoßen, der zu Ihm kommt.[43] Wer den Staat bestimmen lässt, unter welchen Bedingungen jemand Zugang zum Gottesdienst hat, gibt dem Kaiser, was Gottes ist. Kein Hirte hat das Recht, ein Schaf hinauszustoßen, wenn der Oberhirte versprochen hat, es anzunehmen.

Jeder Pastor muss sich bewusst sein, dass er nicht vor dem Staat, sondern vor Gott Rechenschaft darüber ablegen werden muss, wie er über die Seelen der ihm anvertrauten Schafe gewacht hat.[44] Sollten wir Pastoren nicht bereit sein, von Erdenrichtern verurteilt zu werden, wenn wir dafür vor dem Richterstuhl Christi einst unseren Lohn als treue und gute Knechte empfangen werden? Wie wird aber das Urteil lauten über solche, die dem Rat der Welt gefolgt sind und eine „Trennwand"[45] in Seiner heiligen Gemeinde aufgerichtet haben, anstatt die Einheit des Geistes zu bewahren?[46]

Geschwister, die Teil einer solchen Gemeinde sind, sollten ernsthaft erwägen, ob sie an diesem Unrecht teilhaben können oder sich nicht einer treuen Gemeinde anschließen sollten, um diese dunklen Zeiten überstehen zu können.

5. Konkrete Handlungsmöglichkeiten

Die Entscheidung für oder gegen die Impfung ist eine Gewissensentscheidung, die jeder Christ nach ernstlicher und sorgsamer Abwägung der oben aufgeführten Kriterien im Einklang mit der Heiligen Schrift und nach

Rücksprache mit seinen Pastoren für sich treffen muss. Ein Christ darf sich nicht durch Druck und Drohungen dazu nötigen lassen, etwas gegen sein Gewissen zu tun, wie auch Martin Luther auf dem Reichstag zu Worms, als es für ihn um Leben und Tod ging, sagte: *„Da mein Gewissen in den Worten Gottes gefangen ist, kann ich und will nichts widerrufen, weil es gefährlich und unmöglich ist, etwas gegen das Gewissen zu tun. Gott helfe mir. Amen."* Wer nach sorgfältiger Prüfung zu der Überzeugung gelangt, dass er sich impfen lassen möchte, und dies im Glauben und ohne zu zweifeln tun kann, soll von keinem anderen Christen deswegen verachtet werden.

Auch wenn ein Christ sich ungerechtfertigter Weise impfen lässt, und sei es nur aus Schwachheit, weil er dem Druck nicht mehr standhält, so mag er gesündigt haben, weil er es nicht mit reinem Gewissen und aus Glauben getan hat, aber wir wollen auch den Schwachen im Glauben aufnehmen, doch nicht zur Entscheidung zweifelhafter Fragen.[47] Umgekehrt darf der, der sich hat impfen lassen, nicht die anderen Geschwister verachten, sondern ist verpflichtet, seine durch die Impfung gewonnenen Vorteile zum Wohl der Geschwister einzusetzen, damit keine Spaltung im Leib ist.

Für die Christen, die zu dem Ergebnis gelangen, dass sie dem Druck nicht nachgeben und sich weiterhin nicht impfen lassen wollen, sehen wir derzeit die drei folgenden Handlungsmöglichkeiten:

A) LEIDEN

Zum einen können wir die Konsequenzen unseres Widerstands leiden, was nicht bedeutet, dass wir uns nicht mit den zur Verfügung stehenden Mitteln wehren könnten, um Schaden von uns oder unserer Familie abzuwenden, indem wir etwa die Möglichkeit einer ärztlichen Impfunfähigkeitsbescheinigung prüfen, den Rechtsweg beschreiten oder uns an politischen Aktionen, wie Demonstrationen oder einem Generalstreik, beteiligen.

Wenn wir aus Glaubens- und Gewissensgründen die Impfung verweigern, leiden wir um Christi willen und können dies daher ohne Furcht tun, indem wir alle unsere Sorge auf den Herrn werfen, denn Er ist besorgt für uns.[48] Dann mag es sein, dass man uns hasst und schmäht, gegen uns hetzt und uns absondert und uns in unseren Häusern einschließt. Aber Jesus spricht: *Glückselig seid ihr, wenn die Menschen euch hassen werden und wenn sie euch absondern und schmähen und euren Namen als böse verwerfen werden um des Sohnes des Menschen willen.*[49]

Dann mag es auch sein, dass wir unsere Ausbildung nicht abschließen können oder unseren Arbeitsplatz und damit unseren Lebensunterhalt und vielleicht auch unser Haus verlieren und womöglich irgendwann nicht einmal mehr einen Lebensmittelmarkt betreten dürfen. Aber Jesus spricht: *Und ihr, trachtet nicht danach, was ihr essen oder was ihr trinken sollt, und seid nicht in Unruhe! Denn nach diesem allen trachten die Nationen der Welt; euer Vater aber weiß, dass ihr dies benötigt. Trachtet jedoch nach seinem Reich! Und dies wird euch hinzugefügt werden. Fürchte dich nicht, du kleine Herde! Denn es hat eurem Vater wohlgefallen, euch das Reich zu geben.*[50]

In diesem allen können wir mit Beten und Fasten auf die Hilfe unseres Gottes harren, denn unsere Hilfe kommt vom Herrn, der Himmel und Erde gemacht hat.[51] Vielleicht wird Er einen Ausweg schaffen. So könnte etwa ein konventioneller Totimpfstoff gegen Corona zugelassen werden, der weder genetisch wirkt noch fötale Zelllinien verwendet[52] und bei dem daher zumindest ein Teil der oben aufgeführten Bedenken wegfällt.

Es mag aber auch sein, dass der Herr bestimmt hat, keinen Ausweg zu schaffen, sondern verordnet hat, dass es noch schlimmer wird und der Staat eine allgemeine Impfpflicht einführt. Dann mag es sein, dass der Staat uns Geldbußen auferlegt, die uns finanziell ruinieren; wir aber wollen den Raub unserer Güter mit Freuden aufnehmen, da wir wissen, dass wir für uns selbst einen besseren und bleibenden Besitz haben.[53] Dann mag es auch sein, dass der Staat uns ins Gefängnis wirft, wie es bereits der Gesetzentwurf der österreichischen Bundesregierung vorsieht.[54] Aber Jesus spricht: *Fürchte dich nicht vor dem, was du leiden wirst! Siehe, der Teufel wird einige von euch ins Gefängnis werfen, damit ihr geprüft werdet, und ihr werdet Bedrängnis haben zehn Tage. Sei treu bis zum Tod! Und ich werde dir den Siegeskranz des Lebens geben.*[55]

Schließlich mag es aber auch sein, dass der Staat uns womöglich mit Gewalt zwangsweise impfen wird. Wenn dies so kommen sollte, dann dürfen wir uns ohne Furcht und mit Gottvertrauen fügen, da es dann nicht mehr unsere Entscheidung ist. Wir wollen dann geschmäht, nicht wieder schmähen, leidend, nicht drohen, sondern uns dem übergeben, der gerecht richtet.[56]

Da die Impfung an sich nicht eine Verleugnung des Herrn darstellt, muss jeder Christ, wenn der Staat Zwangsmaßnahmen gegen ihn verhängt, sich vor Gott selbst prüfen, ob und an welchem Punkt er sich diesen fügen möchte, um etwa seine Familie weiterhin mit dem Lebensnotwendigen versorgen zu können.

Selbst wenn der Herr uns hier auf Erden keine Rettung schickt, brauchen wir uns nicht vor den Tyrannen zu fürchten, sondern können mutig und stark sein wie Schadrach, Meschach und Abed-Nego, die sich auch unter größtem Druck nicht zur Sünde nötigen ließen, sondern zum König, der mit Zorn und Wut erfüllt war und ihnen mit einem grausamen Tod drohte, sprachen: *Wir haben es nicht nötig, dir ein Wort darauf zu erwidern. Ob unser Gott, dem wir dienen, uns retten kann – sowohl aus dem brennenden Feuerofen als auch aus deiner Hand, König, wird er uns retten – oder ob nicht: Es sei dir jedenfalls kund, König, dass wir deinen Göttern nicht dienen und uns vor dem goldenen Bild, das du aufgestellt hast, nicht niederwerfen werden.*[57]

B) LIST[58]

Die Heilige Schrift berichtet uns von Beispielen, in denen gottesfürchtige Menschen in höchster Not zum Schutz des eigenen Lebens oder der Leben anderer eine List gegen ihre Bedränger anwendeten.[59] So log Rahab gegenüber den Männern des Königs von Jericho, um die israelitischen Boten zu schützen,[60] und logen die hebräischen Hebammen Schifra und Pua gegenüber dem Pharao über den Grund, warum sie die Söhne der Hebräerinnen nicht töteten.[61] Ein bekanntes Beispiel aus der Geschichte ist die Christin Corrie ten Boom, die in den Niederlanden während der NS-Herrschaft Juden versteckte, sich verstellte und den tyrannischen Staat täuschte, um Menschenleben zu retten. Viele weitere solcher Beispiele ließen sich nennen. Die Heilige Schrift fordert uns nicht ausdrücklich dazu auf, uns in solchen Situationen zu verstellen oder andere zu täuschen, tadelt aber auch die Männer und Frauen, die solches im Glauben und aus Gottesfurcht taten, nicht, sondern stellt sie uns als Glaubenshelden vor.[62]

Als Christen sollten wir auch in Notsituationen den Weg der Wahrhaftigkeit grundsätzlich vorziehen. Es mag aber sein, dass ein Christ sich genötigt sieht, zu seinem Schutz oder zum Schutz seiner Familie oder zur Erfüllung anderer hochrangiger Gebote Gottes eine List anzuwenden. Wir ermahnen aber, dies nicht leichtfertig zu tun, etwa um wieder am gesellschaftlichen Leben teilnehmen zu können, sondern wer sich hierfür entscheidet, muss in seinem eigenen Sinn völlig überzeugt sein und aus Glauben handeln, damit er nicht sündigt. Sofern sich ein Christ für diesen Weg entschieden hat, ist er schuldig, seine Geschwister, die als Folge ihres Widerstands unter Nöten leiden, zu versorgen, wie oben dargestellt.

c) Flucht[63]

Wir halten es ebenfalls für einen biblischen Weg, der Tyrannei zu fliehen, indem man in ein anderes Land auswandert. Zu fliehen muss keine Sünde sein; vielmehr kennt die Schrift etliche Beispiele gottesfürchtiger und mutiger Männer, die flohen.[64] Teilweise wird die Flucht vom Herrn sogar geboten.[65] Insbesondere wer Kinder hat, mag über eine Flucht nachdenken, um seine Kinder zu schützen. Dies gilt umso mehr, wenn eine Impfpflicht für Kinder eingeführt wird.

Hierbei müssen jedoch einige wichtige Dinge bedacht werden. Zum einen darf man nur fliehen, wenn man dadurch niemanden unversorgt zurücklässt, für den man verantwortlich ist. Wer etwa eine alte Mutter hat oder einen Kranken pflegt, kann nicht ohne sie fliehen, es sei denn, er hat zuvor sichergestellt, dass für sie gesorgt ist. Gleiches gilt für Pastoren, die für die Versorgung ihrer Gemeinde verantwortlich sind und ihre Herde nicht im Stich lassen dürfen, wenn ihr Gefahr droht.[66] Zudem sollten auch die Auswirkungen einer Flucht auf die Geschwister und die Gemeinde bedacht werden, die dadurch entmutigt werden könnten. Daher sollte eine Flucht nicht ohne vorherige Absprache mit den Pastoren und der Gemeinde erfolgen.

Wenn man sich für die Flucht entscheidet, sollte man darauf achten, sich einen Ort zu suchen, an dem es eine bibeltreue Gemeinde gibt, die Gottesdienste in einer Sprache abhält, die man versteht, oder zumindest eine entsprechende Übersetzung anbieten kann, und wo es Geschwister gibt, die einen etwa bei der Arbeitssuche oder Behördengängen unterstützen können. Es bietet sich daher an, die Flucht vorab mit den Pastoren dieser Gemeinde zu besprechen.

Schließlich muss man bedenken, dass man nicht wissen kann, ob man in dem Land, in das man flieht, dauerhaft sicher sein wird. Möglicherweise wird zeitlich versetzt auch dort eine Impfpflicht eingeführt. So hat EU-Kommissionspräsidentin Ursula von der Leyen angekündigt, eine Impfpflicht für die gesamte EU prüfen zu wollen.[67] Daher dürfen wir, auch wenn wir fliehen, unsere Hoffnung nicht auf ein neues Land setzen, sondern allein auf den Herrn, denn wir haben hier keine bleibende Stadt.[68]

6. Ein Wort des Trostes

Geliebte Geschwister, wir müssen uns darauf einstellen, dass uns schwere Zeiten bevorstehen, in denen Christen, die sich aus Glaubens- und Gewissensgründen gewissen Anordnungen des Staates nicht unterordnen können, Verfolgung leiden werden. Der Herr führt Seine Gemeinde in eine Feuerprobe, in der unser Glaube geläutert wird, damit er sich bewährt. Womöglich werden auch unsere Gottesdienste nicht mehr in der Form möglich sein wie bisher. Letztlich kehren wir damit aber nur zu dem Zustand zurück, der zu allen Zeiten für viele Christen an vielen Orten der Normalzustand war, wie Paulus sagt: *Alle aber auch, die gottesfürchtig leben wollen in Christus Jesus, werden verfolgt werden.*[69]

Was auch kommt und was wir auch leiden müssen: Wir brauchen uns niemals zu fürchten, denn unserem Herrn ist alle Macht gegeben im Himmel und auf Erden,[70] und auch der Staat kann nur tun, was der Herr ihm erlaubt.[71] Wenn der Herr unser Licht und unser Heil ist, vor wem sollten wir uns fürchten? Wenn Er unseres Lebens Zuflucht ist, vor wem sollten wir erschrecken?[72] Wenn Er für uns ist, was könnte ein Mensch uns tun?[73] Warum sollten wir uns fürchten vor denen, die den Leib töten und nach diesem nichts weiter zu tun vermögen?[74] Mögen die Nationen und die Könige der Erde auch toben, der im Himmel thront, lacht, der Herr spottet über sie.[75] Tatsächlich werden wir gerade jetzt Zeugen des Zornes Gottes über die Gottlosigkeit und Ungerechtigkeit der Nationen, die Er dahingegeben hat,[76] sodass wir dem Herrn Ehre geben können als dem gerechten Richter der Erde.

Auch wenn Gottes Zorn nicht Seinen Kindern gilt, mag es aber wohl eine Züchtigung für uns sein. Vielleicht haben wir die Welt zu liebgewonnen. Vielleicht haben wir zu viel Ablenkung in den Freuden der Welt gesucht. Vielleicht haben wir zu sehr nach Erfolg und Karriere gestrebt. Vielleicht haben wir zu sehr auf unseren Arbeitsplatz vertraut. Für uns Christen ist dies eine Gelegenheit, der Welt und ihren Begierden mehr abzusterben und die Ankunft unseres Herrn Jesus freudiger zu erwarten. Lasst uns einander mit diesen Worten ermuntern, dass der Herr selbst beim Befehlsruf, bei der Stimme eines Erzengels und bei dem Schall der Posaune Gottes herabkommen wird vom Himmel, und so werden wir allezeit bei Ihm sein.[77]

Lasst uns in diesen dunklen Zeiten eifrig Buße tun und mit inständigem Beten und Fasten uns vor dem Herrn demütigen und darum flehen, dass Er uns mit starker Hand und ausgestrecktem Arm Rettung schaffen möge! Lasst uns voller Geist werden, indem wir zueinander in Psalmen und Lobliedern und geistlichen Liedern reden und dem Herrn mit unserem Herzen singen und spielen! Und lasst uns darauf achten, dass wir einander lieben, aneinander festhalten und heilig leben im Gehorsam gegenüber Gottes Geboten, wie geschrieben steht: *Die Bruderliebe bleibe! Die Gastfreundschaft vergesst nicht! Denn dadurch haben einige, ohne es zu wissen, Engel beherbergt. Gedenkt der Gefangenen als Mitgefangene; derer, die geplagt werden, als solche, die auch selbst im Leib sind! Die Ehe sei ehrbar in allem und das Ehebett unbefleckt! Denn Unzüchtige und Ehebrecher wird Gott richten. Der Wandel sei ohne Geldliebe; begnügt euch mit dem, was vorhanden ist! Denn er hat gesagt: „Ich will dich nicht aufgeben und dich nicht verlassen", sodass wir zuversichtlich sagen können: „Der Herr ist mein Helfer, ich will mich nicht fürchten. Was soll mir ein Mensch tun?"*[78]

In allem, was auch geschehen mag, lasst uns nie vergessen, unseren Herrn zu loben! Der Prophet Habakuk erlebte eine Zeit, in welcher der Segen Gottes vom Land gewichen war und man sich mit existenziellen Nöten konfrontiert sah, weil es keine Nahrung mehr gab. Er schreibt: *Denn der Feigenbaum blüht nicht, und an den Reben ist kein Ertrag. Der Ölbaum versagt seine Leistung, und die Terrassengärten bringen keine Nahrung hervor. Die Schafe sind aus der Hürde verschwunden, und kein Rind ist in den Ställen. – Ich aber, ich will in dem HERRN jubeln, will jauchzen über den Gott meines Heils. Der HERR, der Herr, ist meine Kraft.*[79] So lasst auch uns jubeln im Herrn und jauchzen über den Gott unseres Heils, denn der Herr ist unsere Kraft!

TEIL 4

DIE IMPFPFLICHT UND DAS CHRISTLICHE GEWISSEN –
EINE DRINGENDE BITTE

Tobias Riemenschneider

Sehr geehrter Herr Bundespräsident Dr. Steinmeier,
sehr geehrte Frau Präsidentin des Deutschen Bundestags Bas,
sehr geehrter Herr Bundeskanzler Scholz,
sehr geehrter Herr Bundesminister für Gesundheit Prof. Lauterbach,
sehr geehrter Herr Bundesminister der Justiz Dr. Buschmann,
sehr geehrte Frauen und Herren Ministerinnen und Minister des Bundes,
sehr geehrter Herr Ministerpräsident Kretschmann,
sehr geehrter Herr Ministerpräsident Dr. Söder,
sehr geehrte Frau Regierende Bürgermeisterin Dr. Giffey,
sehr geehrter Herr Ministerpräsident Dr. Woidke,
sehr geehrter Herr Präsident des Senats und Bürgermeister Dr. Bovenschulte,
sehr geehrter Herr Erster Bürgermeister Dr. Tschentscher,
sehr geehrter Herr Ministerpräsident Bouffier,
sehr geehrte Frau Ministerpräsidentin Schwesig,
sehr geehrter Herr Ministerpräsident Weil,
sehr geehrter Herr Ministerpräsident Wüst,
sehr geehrte Frau Ministerpräsidentin Dreyer,
sehr geehrter Herr Ministerpräsident Hans,
sehr geehrter Herr Ministerpräsident Kretschmer,
sehr geehrter Herr Ministerpräsident Dr. Haseloff,
sehr geehrter Herr Ministerpräsident Günther,
sehr geehrter Herr Ministerpräsident Ramelow,
sehr geehrte Damen und Herren Mitglieder des Deutschen Bundestags,

wir schreiben Ihnen als Pastoren, Prediger sowie Leiter und Mitarbeiter
christlicher Gemeinden und Werke und weitere Engagierte, die zusammen
zahlreiche Christen aus ganz Deutschland repräsentieren.

Als Christen sind wir davon überzeugt, dass wir uns der staatlichen Obrigkeit unterordnen müssen, da die Bibel lehrt, dass jede staatliche Obrigkeit von Gott verordnet ist. Wer sich daher der staatlichen Obrigkeit widersetzt, widersteht der Anordnung Gottes. Außerdem sind wir überzeugt, dass wir das Beste für unser Land suchen sollen, dass wir für unsere Obrigkeit beten, sie ehren und respektvoll über sie sprechen sollen und dass wir uns insgesamt vorbildlich und tadellos verhalten sollen, um ein gutes Zeugnis für den Herrn Jesus Christus zu sein. Als Christen befolgen wir daher bestehende Gesetze und Verordnungen nicht etwa aus Opportunitätsgründen, sondern aus Glaubensüberzeugung und Gehorsam gegenüber Gott.

Allerdings lehrt die Bibel auch, dass die staatliche Obrigkeit nicht die höchste Autorität ist, sondern – wie auch das Grundgesetz in der Präambel nahelegt – der allmächtige und ewige Gott, der am Ende der Zeit alle Menschen, auch die Regierenden, richten und sie entweder mit ewigem Leben beschenken oder mit ewiger Verdammnis bestrafen wird. Daher sind unsere Gewissen in letzter Instanz an die Gebote Gottes gebunden. Wir sind dankbar, dass auch das Grundgesetz dies anerkennt und in Art. 4 Abs. 1 GG die Freiheit des Glaubens und des Gewissens jedes Einzelnen vor Eingriffen des Staates schützt und Gesetzgebung, vollziehende Gewalt und Rechtsprechung insoweit bindet.

Vor diesem Hintergrund beobachten wir mit wachsender Sorge die Entwicklung der Corona-Politik und insbesondere die Einführung einer einrichtungsbezogenen Impfpflicht und die avisierte Einführung einer allgemeinen Impfpflicht. Obgleich wir nicht gegen Impfungen an sich sind, möchten wir Sie davon in Kenntnis setzen, dass es eine große Anzahl von Christen in unserem Land gibt, welche die Corona-Impfungen aus Glaubens- und Gewissensgründen nicht nehmen können.

Die Gründe hierfür sind vielfältig. So halten wir es mit vielen Christen für unethisch, Impfstoffe zu nehmen, bei deren Erforschung, Herstellung oder Testung fetale Zelllinien verwendet wurden, die den Körpern abgetriebener Kinder entnommen wurden. Viele Christen sind zudem von der Wirkweise und Sicherheit der Impfstoffe nicht überzeugt und können sich daher nicht guten Gewissens eine Injektion verabreichen lassen, von der sie fürchten, sie könne ihrem gottgegebenen Körper schaden. Da unser Körper Gott gehört und nicht dem Staat, dürfen wir uns in bestimmten Angelegenheiten des Körpers nicht einfach dem Staat unterordnen.

Auch wenn Sie diese Gründe nicht überzeugend finden mögen, bitten wir Sie dennoch, zur Kenntnis zu nehmen, dass ein Christ nicht gegen seine Glaubensüberzeugung und gegen sein Gewissen handeln kann; es ist ihm schier unmöglich, wie bereits der Reformator Dr. Martin Luther sagte, als er vor dem Reichstag zu Worms stand, um sich vor der Obrigkeit zu verantworten, dass sein Gewissen an die Heilige Schrift gebunden sei und „wider das Gewissen etwas zu tun weder sicher noch heilsam" sei.

Dies gilt für einen Christen selbst dann, wenn man ihm mit empfindlichen Sanktionen und sogar dem Verlust seiner Arbeit, seines Lebensunterhalts, seines Eigentums, seiner Freiheit oder seiner Familie droht; wie wiederum Dr. Martin Luther in seinem weltbekannten Kirchenlied „Ein feste Burg ist unser Gott" formuliert: „Nehmen sie den Leib, / Gut, Ehr, Kind und Weib: / lass fahren dahin, / sie haben's kein' Gewinn, / das Reich muss uns doch bleiben".

Wenn Sie die Einführung einer allgemeinen Impfpflicht beschließen, werden Sie tausende christliche Familien in Deutschland in existenzielle Nöte stürzen, weil diese einer solchen Pflicht aus Glaubens- und Gewissensgründen nicht entsprechen können. Selbst wenn Sie diese Familien durch Bußgelder und den Verlust der Arbeit finanziell ruinieren würden, könnten sich diese dennoch nicht fügen, denn es ist ihnen schlicht unmöglich, gegen ihr Gewissen zu handeln und damit gegen Gott zu sündigen.

Bitte seien Sie sich bewusst, dass dies womöglich von einigen als Verfolgung wahrgenommen werden könnte, weil Menschen vom Staat bestraft und letztlich zur Flucht gezwungen würden, sofern sie nicht bereit sind, gegen ihre Glaubensüberzeugungen zu handeln. Schon jetzt wissen wir von zahlreichen Kirchen im Ausland, vor allem in den USA, die mit Befremden auf die diesbezüglichen Entwicklungen in Deutschland sehen.

Bereits die einrichtungsbezogene Impfpflicht wird dazu führen, dass tausende Christen ihren Arbeitsplatz verlieren werden. Hierbei handelt es sich um Menschen, die sich besonders aufopferungs- und hingebungsvoll um Hilfsbedürftige kümmern, weil sie hierin nicht nur einen Beruf, sondern eine göttliche Berufung sehen und dem Herrn Jesus Christus gehorchen wollen, der spricht: „Du sollst deinen Nächsten lieben wie dich selbst!"

Wir möchten Sie daher dringend ersuchen, die einrichtungsbezogene Impfpflicht nicht umzusetzen und von der Einführung einer allgemeinen Impfpflicht abzusehen oder wenigstens eine Ausnahme für Menschen zu schaffen, welche die Impfung aus Glaubens- und Gewissensgründen ablehnen, wie es sie etwa auch bei der Wehrpflicht gab und wie sie von Herrn Präsident des Senats und Bürgermeister Dr. Bovenschulte in Erwägung gezogen wurde.

Wir bitten Sie, unser Anliegen zu bedenken, und beten, dass der allmächtige Gott Sie bei Ihrer Arbeit segnen möge. Möge Gott uns allen helfen!

Hochachtungsvoll   *[Unterschriften]*[80]

TEIL 5

RÜCKBLICK AUF ZWEI JAHRE CORONA

Tobias Riemenschneider

Geliebte Geschwister, es ist für mich ein großes Vorrecht und eine große Freude, heute bei dieser Konferenz zu euch zu sprechen. Das Thema der Konferenz lautet: „Kirchen in der Corona-Krise – Rückblick und Ausblick", und ich bin zuständig für den Rückblick. In der nächsten Stunde wollen wir uns damit beschäftigen, was in den letzten zwei, bald zweieinhalb Jahren passiert ist – besonders in Bezug auf die Kirche. Wir wollen verstehen, warum diese Dinge geschehen sind, und zwar nicht vordergründig, sondern welche geistlichen Realitäten dahinterstehen. Wir wollen uns fragen, wie die Kirche und wir als Christen darauf reagieren sollten, und wir wollen uns fragen, was wir aus den letzten zwei Jahren lernen müssen. Denn das ist vielleicht die größte Gefahr, dass wir die letzten zwei Jahre durchlebt und auch durchlitten haben, aber nichts daraus gelernt haben.

1. HISTORISCHER RÜCKBLICK

Ich will also beginnen, indem ich einen kurzen Überblick gebe über die Maßnahmen, die es in den letzten zwei Jahren in Bezug auf Gottesdienste gab und wie die Kirche darauf reagierte. Und ich glaube, dieser Rückblick ist wichtig, denn ich stelle immer häufiger in Gesprächen fest, dass Menschen schon jetzt nicht mehr wissen, was geschehen ist. Sie haben das bereits vergessen. Deshalb eine kurze Auffrischung für unser Gedächtnis:

Im Frühjahr 2020 kam der erste Lockdown. Gottesdienste waren im gesamten Land für mehrere Wochen vollständig verboten. Ein landesweites, wochenlanges, vollständiges Gottesdienstverbot. Das ist meines Wissens beispiellos in der Geschichte unseres Landes. Und viele haben das heute schon wieder vergessen. Erlaubt waren Live-Übertragungen, aber darauf waren viele Gemeinden gar nicht eingerichtet, und das ist auch kein adäquater Ersatz für einen Präsenzgottesdienst. Allein das Wort Präsenzgottesdienst hatte ich vor Corona noch nie gehört, weil es nämlich zum Wesen eines Gottesdienstes gehört, dass er ein Präsenzgottesdienst ist. Ein Gottesdienst ist immer ein Präsenzgottesdienst. Gottesdienst wird nicht gefeiert von einem Pastor alleine vor einer Kamera.

Als Gottesdienste wieder erlaubt wurden, kamen andere Maßnahmen: Abstandspflicht, die dazu führte, dass viele Gemeinden nicht mehr genug Platz für alle hatten, sodass die Hälfte weiterhin zuhause bleiben musste. Das kam also vielerorts immer noch einem partiellen Gottesdienstverbot gleich. Die Abstandspflicht führte auch dazu, dass man die Einsamen und Traurigen und Verzweifelten nicht in den Arm nehmen durfte, um sie zu trösten, was gerade in dieser Zeit so dringend nötig gewesen wäre. Dann die Maskenpflicht, die dazu führte, dass Geschwister monate- und jahrelang nicht das Angesicht ihres Bruders sehen konnten, nicht sein Lächeln und nicht seine Traurigkeit. Ganz zu schweigen von den anderen schädlichen Wirkungen, die es hat, wenn man stundenlang Maske trägt, sogar beim Singen. Das alles führte dazu, dass man den Bruder, den man doch so sehr lieben soll, dass man bereit sein soll, sein Leben für ihn hinzugeben, dass man seine bloße Existenz, seine bloße Anwesenheit, plötzlich als Bedrohung für das eigene Leben wahrnahm: Auf Abstand bleiben! Maske tragen! Sonst könnte die Begegnung mit meinem Bruder tödlich enden.

Je nach Bundesland gab es ein Verbot des Abendmahls, jedenfalls in der biblisch überlieferten Form. Verbot von Taufen, denn man muss sich nahekommen, um jemanden zu taufen. In London wissen wir sogar von einem Fall, in dem die Polizei einen Gottesdienst aufgelöst hat, weil der Pastor taufen wollte. Unsere Gemeinde hat heimlich getauft, früh morgens in der Kälte, in einem einsamen See. Dann das Verbot oder zumindest die starke Einschränkung von Hochzeiten und Beerdigungen. Das Verbot, Kranke und Sterbende zu besuchen. Dann kam das Singverbot. Über ein halbes Jahr lang war im ganzen Land der Lobgesang Gottes verboten – in einigen Bundesländern sogar noch länger. Ich weiß nicht, ob uns allen bewusst ist, was das für eine Sünde ist, dem allmächtigen Schöpfer, der gebietet, Ihm zu singen, Seinen Lobgesang vorzuenthalten. Wer das einfach so hinnehmen kann, muss sich fragen, ob er überhaupt verstanden hat, wer Gott ist! Und ein bekannter Bibellehrer hat sich nicht entblödet[81], das Singverbot auch noch biblisch verteidigen zu wollen! Schließlich musste jeder Gottesdienst vorab den Behörden gemeldet werden, und die Daten aller Gottesdienstbesucher mussten erfasst und auf Anfrage an die Behörden weitergegeben werden. Das rief ganz böse Erinnerungen wach bei Geschwistern, die noch die DDR oder die Sowjetunion kannten.

Und so mussten die treuen Gemeinden, die sich dem Unrecht nicht beugten, sondern Gott mehr gehorchten als Menschen, zwei Jahre lang Gottesdienste feiern in der ständigen Angst, erwischt, verraten, bestraft zu werden. Warum? Was war ihr Verbrechen? Sie feierten Gottesdienst. So, wie der HERR es geboten hat und wie man seit 2.000 Jahren Gottesdienst feiert. Und in Kanada wurden genau deswegen Pastoren ins Gefängnis geworfen – zusammen mit Verbrechern –, weil sie Gottesdienst feierten. Einer von ihnen, James Coates, wird nachher noch zu uns sprechen. Er hat zusammen mit Nathan Busenitz aus der Gemeinde von John MacArthur auch ein Buch dazu geschrieben, welches ich sehr empfehlen möchte: „Gott oder Staat".

Aber was mindestens genauso sehr geschmerzt hat, wie die staatlichen Übergriffe, war das Verhalten der meisten Kirchen und Gemeinden in unserem Land – und tatsächlich auf der ganzen Welt. Denn die Kirche implodierte; sie brach förmlich in sich zusammen. Das Immunsystem der Menschen kam in den meisten Fällen mit dem Virus zurecht. Aber das Immunsystem der Kirchen gegen Propaganda und gegen Übergriffe in den Gottesdienst erwies sich als nicht existent. Die meisten Kirchen und Gemeinden haben nicht nur alles geglaubt und alles mitgemacht, sondern es konnte ihnen oft gar nicht schnell und weit genug gehen. Viele haben selbst Maßnahmen eingeführt, die der Staat gar nicht angeordnet hatte. Das fand seinen Höhepunkt in einer Aktion der evangelischen Kirche von Kurhessen-Waldeck: „Impfe deinen Nächsten wie dich selbst." Das ist Blasphemie, das ist Lästerung, das heilige Gebot Gottes zu nehmen und so in den Dreck zu treten. *Aber irrt euch nicht, Gott lässt sich nicht spotten!* (Galater 6,7).

Und die Brüder und Schwestern, die bei diesem Unrecht nicht mitmachen wollten? Sie wurden oft aus ihrer eigenen Gemeinde hinausgetrieben, und das von ihren eigenen Hirten! Verzeiht mir, wenn ich als Hirte hierbei sehr emotional werde. Denn diejenigen, deren Aufgabe es war, die Schafe zu schützen vor den Angriffen des Feindes, fingen an, die Schafe zu belästigen und zu schlagen, sie hinauszutreiben aus der Herde. Die Lüge und der Hass und die Ausgrenzung, die wir in der Gesellschaft erlebt haben, haben genauso ihren Weg gefunden in die Kirchen und unter Geschwister. Kein Immunsystem. Völlige Gleichförmigkeit zur Welt.

In dieser Zeit besuchten unzählige Geschwister aus anderen Gemeinden unsere Gemeinde. Und unter Tränen berichteten sie, wie sie gelitten hatten. Was ihre eigenen Hirten ihnen angetan hatten. Und da sind unfassbare Geschichten dabei. Und ich habe nicht gehört, dass auch nur einer dieser Pastoren Buße getan hat. Die Geschwister haben sehr darunter gelitten. Es waren Menschen bei uns im Gottesdienst, die anfingen zu weinen, nur, weil sie nach Monaten mal wieder ein Gesicht sahen, das sie freundlich anblickte, oder weil ihnen eine Hand entgegengestreckt wurde oder sie singen durften. Unabhängig davon, wie man die Gefährlichkeit von Corona einschätzt – wie viel zusätzliches Leid wurde verursacht durch die Maßnahmen und die Reaktionen der Kirchen!

Und während einige Hirten, gute und treue Knechte ihres Herrn, sich an die vorderste Front stellten, dahin, wo ihnen die Kugeln um die Ohren flogen, um zu kämpfen für ihren Herrn und für ihre Schafe, und während einige von ihnen dafür im Gefängnis saßen, saßen einige Mietlinge zuhause in ihrem Sessel und schrieben Angriffe und Verleumdungen gegen diese Brüder. Der König Ahab war gekommen, um Nabots Weinberg zu rauben. Und diese Männer beschuldigten Nabot, was ihm einfiele, sich dem König zu widersetzen! In Deutschland gehören vor allem zwei Herren zu diesen Verleumdern; und es ist eine Schande, dass ihre Gemeinden nicht gegen sie vorgegangen sind.

Und auch wenn das, was ich bisher gesagt habe, mit Abstand das größte Problem war, gab es auch das entgegengesetzte Problem. Es gab auch eine Gegenreaktion, die zu weit ausschwang. Einige fielen nämlich auch auf der anderen Seite vom Pferd. Ein bekannter Pastor erklärte die Unterordnung unter den Staat, wie die Schrift sie z. B. in Römer 13 lehrt, in unserer Demokratie für schlichtweg nicht anwendbar. Das ist eine falsche, eine unbiblische Radikalität. Ein anderer schloss seine Gemeinde dauerhaft, weil er meinte, die Zeit der Gemeinde sei jetzt für immer vorbei. Von nun an könne man sich nur noch in kleinen Gruppen im Untergrund treffen. Er ergab sich kampflos; er streckte die Waffen ohne auch nur einen einzigen Schuss abgegeben zu haben. Überreaktionen, die vielleicht nachvollziehbar sind wegen des großen Drucks, unter dem wir standen, die aber trotzdem falsch und unbiblisch sind.

So viel als Rückblick auf das, was in den letzten zwei Jahren geschehen ist in Bezug auf die Kirche Christi. Und wir sollten nicht vergessen, was geschehen ist! Wir sollten auch nicht vergessen, welche Angst und welchen Druck und welches Leid wir hatten. Aber wir wollen uns nicht nur daran erinnern, was passiert ist, sondern wir wollen verstehen, warum es passiert ist – und warum es wieder passieren kann.

2. Warum ist das so geschehen?

Wieso kam es zu diesen Maßnahmen des Staates, zu diesen Übergriffen in die Kirche – aber auch in alle Lebensbereiche, in die Arbeit und die Familie und die persönlichen Beziehungen; und mit Maske und Impfung sogar in den eigenen Körper? Aber damit meine ich nicht, wer welche Interessen verfolgt und wer die Fäden zieht und was die Rolle ist von WHO und WEF und von Bill Gates und Klaus Schwab. Damit kann man sich gerne beschäftigen, aber für mich reicht es, zu wissen: Ja, die Welt liegt in dem Bösen, und es gibt böse Menschen, die böse Dinge planen, und sie schließen sich auch zusammen, um ihre bösen Pläne auszuführen. Aber darum geht es mir nicht. Sondern ich will, dass wir verstehen, welche geistlichen Realitäten dahinterstehen. Denn die Akteure mögen wechseln. Aber die dahinterstehenden geistlichen Realitäten werden uns in verschiedenen Ausprägungen wahrscheinlich noch lange beschäftigen.

Das Erste, was wir verstehen müssen, wenn wir eine biblische Weltsicht haben wollen, wenn wir biblisch verstehen wollen, was gerade geschieht in unserer Welt, ist, dass es keine Neutralität gibt gegenüber Gott. Neutralität ist ein Mythos. Es gibt nur zwei Arten von Menschen: die, die aus Gnaden gerechtfertigt wurden durch den Glauben an den Herrn Jesus Christus und Sein sühnendes Blut und die nun Kinder Gottes sind, und die, die Kinder des Teufels sind. Es gibt nichts dazwischen. Es gibt in geistlichen Dingen keine Neutralität. Das ist die Lehre der Schrift: Entweder bist du für Christus oder du bist gegen Ihn. Entweder bist du ein Gerechter oder ein Gesetzloser, bist Licht oder Finsternis, gehörst zu Christus oder zu Belial, bist ein Gläubiger oder ein Ungläubiger, bist Teil des Tempels Gottes oder ein Götzendiener (2. Korinther 6,14-16). Und die Ungläubigen, die Gottlosen, die Kinder des Teufels, sie zeichnen sich dadurch aus, dass sie ihrem Vater ähnlich sind und die Begierden ihres Vaters tun wollen. Und ihr Vater ist ein Lügner und Menschenmörder (Johannes 8,44). Die Oma von nebenan mag noch so freundlich sein – wenn sie nicht glaubt an den Auferstandenen, dann ist sie ein Feind Gottes, dann ist sie Finsternis und ein Kind des Teufels.

Das ist etwas, das viele Christen nicht verstehen: Es gibt in geistlichen Dingen keine Neutralität! Und deshalb gibt es auch keinen neutralen Bundeskanzler und keinen neutralen Gesundheitsminister und keinen neutralen Staat. Sie alle haben eine Religion, sie alle dienen einem Gott, und wenn es nicht die christliche Religion ist und der dreieinige Gott der Bibel, dann ist es eine dämonische Religion und ein dämonischer Götze. Wenn sie Gott nicht lieben, dann stehen sie Ihm nicht neutral gegenüber, sondern dann hassen sie Ihn. Und wenn sie Gott nicht dienen, dann dienen sie einem

Götzen. Und das Ergebnis davon ist immer Lüge und Hass und Tod. Denn alle, die Gott hassen, lieben den Tod (Sprüche 8,36).

Das bedeutet nicht, dass der Staat und die Menschen, die ihn lenken, ausnahmslos das Böse tun und überhaupt nichts tun, das objektiv gut ist. Aber es bedeutet, dass die gottlose Ideologie des Staates sich immer wieder zeigen wird in seinem Handeln. Und zum ersten Mal haben wir das so richtig in den letzten zwei Jahren erlebt. Unser Staat war mal christianisiert. Das Christentum war mal so weit verbreitet, dass auch das Denken der Regierenden beeinflusst war von christlichen Werten, von dem Gesetz Gottes, das für alle Menschen zu allen Zeiten bestimmt, was gut und böse ist, richtig und falsch. Und das spiegelte sich z. B. in unserem Grundgesetz wider, in der Gewaltenteilung und den Grundrechten. Die Menschen, die unser Grundgesetz verfasst haben, wussten, dass Menschen Sünder sind und ihre Macht missbrauchen werden. Und ihnen stand das nach dem Dritten Reich noch ganz lebhaft vor Augen. Deshalb gibt es Gewaltenteilung. Deshalb gibt es Grundrechte als Abwehrrechte des Bürgers gegen den Staat. Aber letztlich sind das alles nur Buchstaben auf Papier. Wenn sich niemand mehr daran hält oder man es nach Belieben umdeutet, dann ist das alles wertlos. Das wusste schon John Adams, Gründungsvater und 2. Präsident der USA. Er schrieb über die amerikanische Verfassung, die unserer nicht unähnlich ist: „Unsere Verfassung wurde nur für ein moralisches und religiöses Volk geschaffen. Für die Regierung eines anderen Volkes ist sie völlig ungeeignet." Und mit „religiös" meinte er zu dieser Zeit natürlich das Christentum, denn er selbst kam aus puritanischem Elternhaus.

Leider trifft das auf unser Volk aber nicht mehr zu. Wir sind kein christliches Volk mehr; wir sind kein moralisches Volk mehr, denn in den letzten Jahrzehnten ist unser Land entchristlicht. Diese Entwicklung hatte schon viel früher begonnen, schon vor Jahrhunderten, mit der Aufklärung und mit Rousseau, und dann hat sie einen Raketenantrieb bekommen durch Darwin –, aber in den letzten Jahrzehnten wurde die Entchristlichung Deutschlands fast abgeschlossen. Die neue Weltsicht, die das Denken der meisten Menschen und auch der Regierenden bestimmt, ist nicht mehr die christliche Weltsicht mit dem Glauben an einen Schöpfergott, der ein gutes und richtiges Gesetz gegeben hat, wonach Er uns richten wird, sondern Materialismus und radikaler Naturalismus – die Idee, dass die Realität aus einem unpersönlichen Ursprung entstanden sei und sich in die gegenwärtige Form durch unpersönliche Veränderungen entwickelt habe. Ohne Gott und ohne höheren Sinn und Zweck.

Und eine solche Weltsicht bleibt nicht ohne Folgen für das Denken und Handeln der Menschen und des Staates. Sie hat Auswirkungen auf die Moralvorstellungen und auf die Gesetze, die erlassen werden. Francis Schaeffer sah das schon vor über 40 Jahren voraus. Er schrieb, dass diese neue Weltsicht die christliche Weltsicht verdrängen würde, und das sowohl in den Überzeugungen des Einzelnen als auch in der kulturellen Wirkung. Und weil sich diese beiden Weltsichten in Inhalt und moralischen Folgen als völlige Gegensätze gegenüberstehen, würden sie zu ganz unterschiedlichen soziologischen Entwicklungen und Entscheidungen von Regierungen führen, die in der Erarbeitung und Einführung von neuen Gesetzen münden würden. Genau das ist geschehen. Die Gottlosen haben erfolgreich getan, was sie schon vor 60 Jahren angekündigt hatten: Sie haben den „Zug durch die Institutionen" gemacht. Die Gesellschaft ist entchristlicht, die Schulen sind entchristlicht, und so sind auch die Regierenden und ist der Staat und sind alle seine Institutionen entchristlicht. Wir leben in einem gottlosen Staat, der von gottlosen Menschen gelenkt wird. Und das hat Auswirkungen auf die moralischen Vorstellungen und auf die Gesetze, die der Staat erlässt und die immer häufiger das Böse gut nennen und das Gute böse.

Aber viele Christen verstehen das nicht. Sie haben in den letzten zwei Jahren geglaubt, der Staat sei geistlich neutral und man könne seiner Propaganda schon glauben und seinen Narrativen schon vertrauen. Er wird uns schon die Wahrheit sagen. Aber wir reden hier von dem Staat, der grundlegende Schöpfungswahrheiten leugnet, die jedes Kind weiß. Der leugnet, dass es zwei Geschlechter gibt, dass die Ehe zwischen einem Mann und einer Frau ist, dass Kinder einen Vater und eine Mutter haben. Ja, der sogar den Schöpfer selbst leugnet und schon die Kinder lehrt, dass das ganze Universum durch eine riesige Explosion entstand sei, als vor Milliarden von Jahren nichts explodierte, und dass der Mensch nur ein kosmischer Zufall sei, Sternenstaub, ein mit Wasser gefüllter Sack, in dessen Gehirnen ein paar Neuronen zufällig zünden, ohne Sinn, ohne höheren Zweck. Der Staat, der Gott so hasst, dass er gegen alle göttlichen Wahrheiten kämpft. Und weil er Gott selbst nicht erreichen kann, bekämpft er das, was Gott am Ähnlichsten ist, nämlich die Gottesebenbildlichkeit des Menschen als geschaffen von einem Gott in Seinem Bilde und nicht als Zufallsprodukt. Diesem Staat, der sich als so ein Lügner erwiesen hat, als Kind des Teufels, dem vertrauen viele Christen blind, wenn er sagt: Da ist eine schlimme Krankheit, und zu eurem eigenen Schutz muss ich euch eure Grundrechte nehmen und in euren Gottesdienst eingreifen?

Aber sie glauben dem Staat nicht nur blind, sie glauben sogar, dass der Staat wirklich nur unser Bestes wolle, dass er uns nur schützen wolle, dass er nur Leben retten wolle. Das ist doch ein gutes Anliegen! Da muss man auch nachsichtig sein, wenn der Staat dabei ein bisschen über die Stränge schlägt, denn sein Anliegen ist doch gut! Wissen sie eigentlich, von welchem Staat sie reden? Sie reden von dem Staat, der es erlaubt und fördert, dass jedes Jahr 100.000 Babys im Leib ihrer Mutter auf unvorstellbar grausame Weise in Stücke gerissen werden. Von dem Staat, der jetzt auch Kindern das Recht gibt, sich durch eine Geschlechtsumwandlung so verstümmeln zu lassen, dass sie selbst nie wieder Kinder werden haben können. Von dem Staat, der homosexuelle Verbindungen fördert, aus denen ebenfalls nie Leben hervorgehen kann. Von dem Staat, der darüber nachdenkt, das Leben Alter und Kranker durch Euthanasie zu beenden. Und das alles unter dem Deckmantel der Barmherzigkeit und der Nächstenliebe! Dieser Staat soll nun auf einmal so sehr um unser Leben besorgt sein – vor allem um das Leben der Alten und Kranken? Glaubt nicht den Mythos der Neutralität!

Und leider trägt an dieser Entwicklung, dieser Entchristlichung der Gesellschaft und des Staates auch die Kirche eine Mitschuld. Die evangelische Staatskirche ist, wie der Staat, selbst entchristlicht; ebenso viele Freikirchen, in denen man völlig liberal geworden ist, die Bibel nicht mehr glaubt und lehrt und wo es primär um Spaß und Unterhaltung geht. Ihr Lieben, wenn jemand von euch noch in einer dieser Kirchen ist: Was habt ihr da zu suchen? Welche Gemeinschaft hat Licht mit Finsternis? *Geht aus ihr hinaus, mein Volk, damit ihr nicht ihrer Sünden teilhaftig werdet und damit ihr nicht empfangt von ihren Plagen* (Offenbarung 18,4). Und die wenigen bibeltreuen Gemeinden? Sie sind meist in falscher Weise pietistisch. Sie haben sich zurückgezogen, auf sich selbst konzentriert, haben Enklaven gebildet und die Verkündigung der Königsherrschaft Christi auf ihre Gemeinde beschränkt. Sie haben gesehen, dass der Staat immer böser und gottloser wird, aber ihre Reaktion war nicht, dagegen anzukämpfen, sondern sich zurückzuziehen, sich einzukapseln. Und so übt die Kirche nicht mehr ihr Amt aus als prophetische Stimme in dieser Welt. Sie verkündigt nicht mehr mutig Gottes Wort allen Menschen, auch den Regierenden. Und damit ist sie nicht mehr Licht und Salz für die Welt. Es ist die Aufgabe der Kirche, zu verkündigen: *Und nun, ihr Könige, seid verständig, lasst euch zurechtweisen, ihr Richter der Erde! Dient dem HERRN mit Furcht, und freut euch mit Zittern! Küsst den Sohn, damit er nicht zürnt und ihr umkommt auf dem Weg, wenn nur ein wenig entbrennt sein Zorn* (Psalm 2,10-12). Aber die Kirche hat ihre prophetische Stimme nicht mehr erhoben in diesem Land. Wenn heute jemand über politische Themen predigt und die Regierenden adressiert, dann muss er mit Kritik aus den eigenen Reihen rechnen. Das sei ungeistlich. Die Kirche habe sich da heraus zu halten. Als ob das Wort Gottes nicht allen Menschen gilt! Als ob Seine Gebote nicht von Allen Gehorsam fordern! Als ob Er nicht der Gott und Richter aller ist!

Als ob Er nicht der große König ist über die ganze Erde, der König der Könige und der Herr der Herren!

Und so wurde dem Bösen in der Welt nicht mehr gewehrt mit dem Wort, und die Welt sank immer tiefer in den Schoß des Bösen und wurde immer gottesfeindlicher. Was hätten die Kirchen ausrichten können vor Jahrzehnten, als noch 95% der Deutschen Mitglieder einer Kirche waren! Wenn sie sich da mit aller Macht gestemmt hätten gegen Feminismus und Unzucht und Abtreibung. Wenn sie die Politiker, die das befürworten, exkommuniziert und ihr Unrecht öffentlich angeprangert und ihm das Wort Gottes und Seine Gerechtigkeit entgegengesetzt hätten, sodass sie nicht mehr wiedergewählt worden wären! Aber die Kirchen wollten den Kampf da draußen nicht führen. Und so ist die Welt so gottesfeindlich geworden, dass sie den Kampf jetzt in die Kirchen hineinträgt. Denn denkt daran: Es gibt keine Neutralität.

Als die Länder der Sowjetunion oder die DDR entchristlicht waren, war das Ergebnis nicht ein neutraler Staat, der die Christen einfach in Ruhe ihres Glaubens leben ließ. Das Ergebnis war eine Diktatur. Ein totalitärer Staat, der alle Menschen überwachte und in alle Bereiche des Lebens eingriff, um seine Staatsideologie, seine Staatsreligion durchzusetzen. Denn wenn der Staat nicht mehr glaubt, dass es einen Gott gibt über ihm, vor dem sich auch die Regierenden verantworten müssen, dann ist der Staat selbst Gott. Denn es gibt keine höhere Macht, keine höhere Instanz auf dieser Erde, als den Staat. Der Staat ist Gesetzgeber und Richter und Henker in einem. Er bestimmt, was die Menschen tun und sagen und sogar denken dürfen. Er bestraft die Abweichler. Er hat auch die Polizeigewalt, der kein Bürger etwas entgegensetzen kann. Und so wird der Staat selbst Gott, die oberste moralische Instanz, die bestimmt, was gut und böse ist, die von ihren Bürgern absolute Gefolgsamkeit fordert und ihnen vorgibt, was man tun und sagen und denken darf, die sich totalitär, wie ein Krake, in alle Lebensbereiche hineindrängt. Wir sehen einen wachsenden Etatismus, eine absolute Staatsherrschaft über alle Lebensbereiche – sogar über das Denken der Menschen –, wie im Sozialismus oder Kommunismus oder Nationalsozialismus. Und wer sich nicht beugt, wird öffentlich verächtlich gemacht, mundtot gemacht, auf sozialen Netzwerken gecancelt, durch mediale Indoktrination umerzogen, durch sozialen Druck und Androhung empfindlicher Konsequenzen, wie den Verlust des Arbeitsplatzes oder die Wegnahme der eigenen Kinder, gefügig gemacht und am Ende weggesperrt. Denn er ist ein Ketzer, ein Staatsfeind, ein Volksverhetzer – wie Pfarrer Olaf Latzel, der sich der antichristlichen Staatsideologie widersetzte und dafür vor Gericht kam und als Volksverhetzer verurteilt wurde – auch geschehen in den letzten zwei Jahren. Wehe du sagst etwas, was der Ideologie, der Religion des Staates widerspricht!

Die Anfänge dieses Etatismus, dieses totalitären Staates haben wir gesehen in den letzten zwei Jahren. Und wie schnell ging das! Aber wir hätten es eigentlich wissen können. Denn der Staat spielt schon lange mit Allmachtsfantasien. Ich erinnere nur an die Aussage eines SPD-Politikers, der schon vor 20 Jahren den radikalen Ausbau von Kitaplätzen und Ganztagsschulen vorantrieb und sagte: „Wir wollen die Lufthoheit über den Kinderbetten erobern". Der Mann, der dies damals sagte, ist heute Bundeskanzler. Wem es da nicht kalt den Rücken runterläuft! Das ist purer Staatstotalitarismus! Der Staat will sich die Kinder holen, und zwar so früh, wie möglich, um sie zu indoktrinieren, um sie so zu erziehen, wie es seiner gottlosen Ideologie entspricht. Nur bloß früh den Eltern wegnehmen! Wer weiß, was die sonst ihren Kindern beibringen! Und liebe Eltern, überlegt genau, ob ihr diesem Staat die Erziehung eurer Kinder anvertrauen wollt in Kitas und Schulen!

Aber der Staat hat ein Problem. Denn er kann nicht einfach eine neue Staatsreligion einführen, ohne sie gut zu verkaufen. Er muss sie den Menschen gut begründen. Sie müssen glauben, dass dies wirklich nötig und richtig ist. Und so, wie jede Religion ihre Priester hat, braucht auch die Staatsreligion Priester. Und diese findet sie in der Wissenschaft, in sogenannten Experten. Denn wer will schon etwas gegen die Wissenschaft sagen? Der muss ja ein Dummkopf sein! Wer will etwas gegen Experten sagen! Du vielleicht? Du hast gar nicht das Recht dazu, denn du bist kein Experte! Den Experten muss geglaubt werden – natürlich nur den ausgesuchten, die auch wirklich verkündigen, was der Staatsideologie entspricht. Und wenn du ihnen nicht glaubst, dann bist du ein Wissenschaftsleugner – und etwas Schlimmeres kann man kaum sein.

Auch das haben wir in den letzten zwei Jahren stärker gesehen, als je zuvor, den Aufstieg des Szientismus, des Glaubens, dass wissenschaftliche Erkenntnisse alles menschliche Handeln bestimmen sollten, auch in der Politik. Nur führt das dann zu den unmenschlichen Ergebnissen, deren Zeugen wir in den letzten zwei Jahren geworden sind. Da kommt ein Virologe und sagt, was man alles machen sollte, um das Virus einzudämmen – und dann wird das alles umgesetzt, ohne Rücksicht darauf, welche Schäden und welches Leid das verursacht bei vielen Menschen. Hauptsache, man hat eine wissenschaftliche Begründung für alle Maßnahmen, die man durchführt. C. S. Lewis hatte das schon früh erkannt. Er schrieb einmal: *Die neue Oligarchie muss ihren Anspruch, uns zu bevormunden, mehr und mehr auf ihren Wissensanspruch stützen. Wenn wir bemuttert werden sollen, muss die Mutter es am besten wissen. Das bedeutet, dass sie sich immer mehr auf den Rat der Wissenschaftler verlassen muss, bis am Ende die Politiker selbst nur noch Marionetten der Wissenschaftler sind. Die Technokratie ist die Form, zu der eine solche Gesellschaft tendieren muss. Nun fürchte ich mich vor Fachleuten an der Macht, weil sie Fachleute sind, die außerhalb ihres Faches sprechen. Sollen doch die Wissenschaftler über die Wissenschaften sprechen. Aber beim Regieren geht es um Fragen nach dem Wohl des Menschen, nach Gerechtigkeit und danach, welche Dinge es zu welchem Preis wert sind, sie zu haben; und in diesen Fragen gibt eine wissenschaftliche Ausbildung der Meinung eines Menschen keinen zusätzlichen Wert. Möge der Arzt mir sagen, dass ich sterben werde, wenn ich nicht dies und das tue; aber ob es sich lohnt, das Leben unter diesen Bedingungen zu führen, ist genauso wenig seine Angelegenheit wie die irgendeines anderen Menschen* (C. S. Lewis, 20. Juli 1958). Wir sehen, wie sich diese Dinge vor unseren Augen erfüllen. Wie der Staat aus Römer 13, der eigentlich Gottes Dienerin sein soll, indem er das Gute belohnt und das Böse bestraft, zum Staat aus Offenbarung 13 wird, dem Tier, das Gott lästert und alle Anbetung für sich will und die Christen verfolgt, indem es das Böse belohnt und das Gute bestraft.

Das sind die geistlichen Realitäten, die hinter den letzten zwei Jahren stehen und die uns auch in Zukunft in der ein oder anderen Form weiter zu schaffen machen werden, sei es eine Pandemie, sei es Sexualität und Transgender, sei es Familie und die Lufthoheit über den Kinderbetten, sei es das Klima oder was noch so kommt. Der Staat hat seine eigene Religion, die sein Handeln bestimmt, und diese ist gottesfeindlich und antichristlich – und das werden wir auch künftig zu spüren bekommen. Im Verhalten des Staates und in den Gesetzen, die er erlässt, wird sich immer wieder zeigen, dass der Staat gottesfeindlich und antichristlich ist. Und das wird nicht ohne Auswirkungen bleiben für uns Christen und für unsere Gottesdienste und für das, was wir noch denken und sagen und tun dürfen. Das Leben in so einer Welt wird nicht leicht werden für die, die dem Herrn treu bleiben wollen. Die gute Nachricht ist, dass diese Weltsicht nicht dauerhaft Bestand haben kann. Sie ist so gegen jegliche Vernunft, gegen jegliche Wahrheit gerichtet, dass sie früher oder später in sich zusammenbrechen muss. Ein gutes Beispiel dafür sind männliche Sportler, die vorgeben, sich für Frauen zu halten, und alle Weltrekorde im Frauensport brechen. Es ist so offensichtlich, dass diese Lügen nicht bestehen können. So funktioniert Gottes Welt nicht, und wir alle leben nun einmal in Gottes Welt. Diese Ideologie wird zusammenbrechen. Aber bis sie zusammenbricht, kann es noch Jahrzehnte dauern. Und bis dahin kann sie viel Leid anrichten und viel Verfolgung unter uns Christen.

3. Wie sollen wir Christen auf diese Entwicklungen antworten?

Diese Frage lässt sich ab heute einfacher beantworten. Denn heute wird hier bei dieser Konferenz der Welt eine Erklärung zu diesem Thema präsentiert. Und weil sie heute hier der Welt präsentiert wird, trägt sie auch den entsprechenden Titel. Ich halte hier in meinen Händen die „Frankfurter Erklärung christlicher und bürgerlicher Freiheiten" – im englischen Original: „The Frankfurt Declaration of Christian and Civil Liberties". Diese Erklärung haben Pastoren von verschiedenen Kontinenten in den letzten eineinhalb Jahren verfasst. Sie trägt bereits die Unterschriften Dutzender treuer Pastoren aus Amerika, Europa, Afrika und Australien. Darunter Namen wie Dr. John MacArthur, Dr. Voddie Baucham, Dr. James White, Dr. Joe Boot, Douglas Wilson, Phil Johnson, Geoff Thomas, Tim Conway, Jeff Durbin, Joel Webbon und James Coates, aber auch die Namen vieler Brüder aus dem deutschsprachigen Raum: Dr. Wolfgang Nestvogel, Dr. Benedikt Peters, Dr. Stefan Felber, Prof. Dr. Uwe Seidel, Peter Schild und viele andere. Und mögen noch viele folgen! Das ist unsere Antwort auf das, was geschehen ist in den letzten zwei Jahren. Hiermit wenden wir uns gegen den Machtmissbrauch und gegen den Totalitarismus des Staates. Was schreiben wir in dieser Erklärung?

a) Art. 1: Gott, der Schöpfer, als souveräner Gesetzgeber und Richter

Wir sprechen dem Staat das Recht ab, zu definieren, was Moral ist, was gut und böse ist, und von seinen Bürgern Gehorsam zu verlangen, wenn dies im Widerspruch zu Gottes Geboten steht. Warum? Weil nicht der Staat, sondern Gott allein das Recht hat, zu bestimmen, was gut und böse ist, und weil Er alle Menschen danach richten wird. Und weil der säkulare Humanismus und die relativistische Ethik des Staates keine übergeordnete Grundlage für Moral haben und daher nicht für alle verbindlich sein können.

b) Art. 2: Gott als Quelle der Wahrheit und die Rolle der Wissenschaft

Wir verwerfen die Vorstellung, dass menschliche Regierungen moralisch und ideologisch neutral seien und man ihren Narrativen bedingungslos glauben sollte, als würden sie stets die Wahrheit sagen. Wir wenden uns gegen Angstmacherei und Propaganda und Indoktrination, gegen Szientismus und gegen eine Wissenschaft, die die wissenschaftliche Methode verlässt und Einwände Andersdenkender ignoriert und unterdrückt. Warum? Weil Gott die Wahrheit ist, alle Menschen aber Lügner und gefallene Sünder. Und weil die menschliche Wissenschaft Grenzen hat und nicht Gott ersetzen und selbst Gott spielen darf.

c) Art. 3: Der Mensch als Ebenbild Gottes

Wir verwerfen alle entwürdigenden Handlungen eines Staates durch Manipulation und Einschüchterung, durch das Vorschreiben medizinischer Entscheidungen und die Einschränkung gottgegebener persönlicher Freiheiten. Wir wenden uns gegen Impfpässe, soziale Distanzierung und Maskentragen als Voraussetzung für den Zugang zu öffentlichen Orten oder zur Teilnahme am Arbeits- oder Gesellschaftsleben. Wir wenden uns gegen die Kriminalisierung, Ausgrenzung, berufliche Benachteiligung und anderweitige Entrechtung von Menschen, die sich solchen Anordnungen nicht fügen. Und wir lehnen Entwicklungen hin zum Transhumanismus und zur technologischen Überwachung und Kontrolle von Menschen ab. Warum? Weil Gott den Menschen in Seinem Bilde geschaffen hat und der Mensch daher Würde und gottgegebene, unveräußerliche Rechte und Freiheiten besitzt, die ihm kein Staat nehmen darf. Zu diesen Rechten und Freiheiten gehören auch das Recht, Kranke zu besuchen und Sterbende zu trösten, an Beerdigungen teilzunehmen, der Geburt des eigenen Kindes beizuwohnen, in einer öffentlichen Feier zu heiraten, Gemeinschaft zu haben und miteinander Feste zu feiern sowie einer ehrbaren Arbeit nachzugehen. Und das Recht, selbst über medizinische Maßnahmen bestimmen zu können.

d) Art. 4: Gott gegebene Aufgaben und Grenzen von Autorität

Wir verwerfen totalitäre Ideologien von Regierungen, welche die Grenzen ihrer Autorität nicht anerkennen und in die Kirche oder die Familie hineinregieren. Wir lehnen die Tendenzen von Regierungen ab, den Glauben und das Verhalten ihrer Bürger zu zentralisieren, indem sie eine autoritäre Gesellschaft schaffen, in der der Staat absolut ist und Andersdenkende zum Schweigen bringt und sie umerzieht. Und besonders wenden wir uns gegen die Auffassung, dass Kinder Eigentum des Staates seien, dass der Staat die Lufthoheit über die Kinderbetten erobern dürfe und die Kinder indoktrinieren dürfe, als hätte Gott die Kinder dem Staat gegeben und nicht den Eltern. Warum? Weil alle irdischen Autoritäten ihre Autorität von Gott ableiten, der über allem steht und dem alle Rechenschaft geben müssen. Er hat ihre unterschiedlichen Zuständigkeitsbereiche festgelegt und damit auch ihrer Autorität Grenzen gesetzt. Gott hat den staatlichen Regierungen die Autorität verliehen, das Gute zu belohnen und das Böse zu bestrafen und dadurch die gottgegebenen Rechte und Freiheiten, die allen Menschen zukommen, zu schützen. Er hat der Kirche die Autorität übertragen, alle Völker zu Jüngern zu machen durch die Predigt des Evangeliums und Gemeinden zu gründen und zu verwalten unter der Oberherrschaft Christi. Und Er hat der Familie die Autorität übertragen, den gesellschaftlichen Zusammenhalt und die sexuelle Treue zu fördern und Kinder zu schützen, zu versorgen, zu unterrichten und zu erziehen in den Wegen des HERRN. Und wir lassen als Bürger, Eltern und Christen nicht zu, dass der Staat in die Bereiche eingreift, die Gott allein in unseren Verantwortungsbereich gestellt hat, denn es wäre Sünde, unsere gottgegebene Verantwortung abzutreten.

E) ART. 5: CHRISTUS ALS DAS HAUPT DER KIRCHE

Wir verwerfen die Annahme, dass der Staat Autorität über die Kirche hat, ihre Angelegenheiten in Fragen des Glaubens und der Glaubenspraxis zu regeln oder ihre Aktivitäten auf einen nicht wesentlichen Status herabzusetzen. Wir glauben an die funktionale Trennung von Kirche und Staat. Wir verurteilen daher alle Maßnahmen des Staates, die der Kirche Zwangsmaßnahmen auferlegen und ihre Aktivitäten, die als Dienst an ihrem Herrn getan werden, kriminalisieren, behindern oder reglementieren. Warum? Weil der Staat nicht über der Kirche steht, sondern die Kirche allein dem Herrn Jesus Christus gehört, denn Er hat sie erkauft durch Sein Blut, und Ihm allein sind wir rechenschaftspflichtig in allen Fragen des Glaubens und der Glaubenspraxis. Wir geben dem Kaiser, was des Kaisers ist, aber wir werden eifrig darauf achten, auch Gott zu geben, was Gottes ist.

Für alle, die auf eine Antwort gewartet haben: Hier ist sie. Die Erklärung ist gedacht als Hilfe für alle Christen, damit sie auf der Grundlage von Gottes Wort argumentieren können. Und sie ist gedacht als Erklärung gegenüber dem Staat, damit er weiß, wo die Kirche steht. Und wenn der Bundeskanzler sagt, es gebe keine roten Linien, dann ziehen wir hiermit die rote Linie!

4. Was sollten wir daraus lernen?

Lasst uns zum Abschluss noch kurz fragen, was wir nun aus den letzten zwei Jahren lernen sollten. Ich möchte kurz vier Punkte nennen:

a) Biblische Weltsicht

Habe eine biblische Weltsicht! Lasse dein Denken immer mehr verändern durch Gottes Wort, damit du nicht denkst, wie die Welt! Verstehe, dass es keine geistliche Neutralität gibt, sondern dass du in einem geistlichen Kampf stehst! Der Staat und die Menschen, die ihn lenken, haben immer eine Ideologie, haben immer eine Religion, und wenn sie nicht christlich ist, dann ist sie antichristlich. Deswegen glaube nicht alles, was der Staat sagt, und tue nicht alles, was der Staat sagt. Auch wenn die Bundeskanzlerin dazu aufgefordert hat, man solle nur glauben, was der Staat sagt. Nein! Wir wissen, wie der Staat ist. Wir verstehen die geistlichen Realitäten. Ob der Staat dir sagt, dass es unzählige Geschlechter gibt und dass man sein Geschlecht beliebig ändern kann und dass es eine Ehe auch zwischen zwei Männern oder zwei Frauen gibt oder dass die Welt in einigen Jahren untergeht, wenn du nicht aufhörst, Auto zu fahren, oder ob er dir sagt, dass es eine schlimme Pandemie gibt, an der wir alle sterben werden, wenn wir nicht Masken tragen und uns impfen lassen und auf unsere Gottesdienste verzichten – glaube nicht einfach alles, sondern prüfe es! Du prüfst doch auch, was dein Pastor sagt. Dann prüfe erst recht, was der gottlose Staat sagt! Und wenn das, was der Staat dir erzählt, sich als Lüge herausstellt, dann mach nicht mit bei dieser Lüge! Wie es der russische Schriftsteller Alexander Solschenizyn ausdrückte: *Live Not by Lies* – Lebe nicht nach Lügen!

b) Biblisches Gemeindeverständnis

Habe ein biblisches Gemeindeverständnis! Jeder Christ braucht eine Gemeinde. Du kannst nicht von Livestreams leben! Ich weiß, dass sich das viele schön eingerichtet haben in den letzten zwei Jahren. Aber ein Livestream ist nicht genug! Du brauchst einen Pastor, der dich kennt, du brauchst Geschwister, die dich kennen. Gerade in den vor uns liegenden Zeiten brauchst du von ihnen Ermutigung und Ermahnung zur Treue. Und das würde dir auch der Pastor sagen, dessen Livestream du guckst, zumindest wenn er ein guter Pastor ist. Und auch wenn das einige von euch jetzt vielleicht ärgert, glaubt nicht den Leuten, die sagen, man könne sich jetzt nur noch in Hauskreisen treffen! Ich verstehe die Enttäuschung über viele Kirchen. Aber ein Hauskreis als Dauerlösung ist nicht biblisch. Ich sage nichts gegen eine Hausgemeinde im Sinne einer normalen, biblisch geordneten Gemeinde, nach Möglichkeit auch mit einem eingesetzten Pastor, die halt so klein ist, dass sie sich in den Häusern trifft. Das ist biblisch. Aber die Bibel kennt nur Gemeinden, nicht irgendwelche Kreise als Ersatz für Gemeinden. Hauskreise sollten sich daher darum bemühen, zu echten (Haus-) Gemeinden zu werden.

Schau genau, welcher Gemeinde du dich anschließt! Denn dass eine Gemeinde eine bibeltreue Lehre hat, reicht nicht. Sie muss diese Treue auch in ihrem Leben beweisen. Frag also, wie sich diese Gemeinde verhalten hat in den letzten zwei Jahren. War sie wirklich treu und mutig? Oder ist sie nur treu, solange der Staat nichts dagegen hat, und kippt um, sobald Widerstand kommt? Dies sind sehr wichtige Fragen, denn wir werden in Zukunft eine treue von einer abgefallenen Gemeinde zunehmend daran unterscheiden müssen, wie sie sich gegenüber dem Staat verhält. Beugt sie sich allen staatlichen Eingriffen? Glaubt sie jedem Narrativ des Staates? Oder leistet sie biblisch Widerstand, auch wenn das Verfolgung nach sich ziehen sollte? Deswegen suche dir einen Hügel, den du verteidigen kannst, eine Gemeinde mit treuen Geschwistern und mutigen Pastoren, die an deiner Seite kämpfen und die auch in Zukunft treu sein werden, weil sie in den letzten zwei Jahren unter Beweis gestellt haben, dass sie treu sind. Und wenn es eine solche Gemeinde in deiner Nähe nicht gibt, dann zieh um! Dann trachte zuerst nach dem Reich Gottes, dann verlass alles, um Christus nachzufolgen! Er verspricht dir, dass Er dich dafür hundertfach segnen wird.

Und wenn du in einer Gemeinde bist, die die letzten zwei Jahre alles mitgemacht hat, wenn du vielleicht jetzt zurückgegangen bist in diese Gemeinde, weil jetzt alles vorbei ist, wenn du einen Hirten hast, der schwach und feige war, der sich nicht schützend vor die Schafe gestellt hat, sondern die Schafe belästigt und geschlagen und hinausgetrieben hat, und wenn er nicht Buße getan hat, wenn er sich nicht vor die Gemeinde gestellt, seine Sünde bekannt und versprochen hat, es das nächste Mal besser zu machen – dann verlasse bitte diese Gemeinde! Bleibe nicht unter so einem Hirten, unter so einem Mietling! Oder glaubst du, so etwas wie Corona wird nie wieder passieren? Glaubst du, dann wird dein Pastor ganz anders reagieren? Wenn du in so einer Gemeinde bleibst, wenn du unter so einem Hirten bleibst, dann hast du nicht gelernt aus Corona. Wenn Gott dir eines zeigt durch Corona, dann das, dass du eine treue Gemeinde brauchst mit mutigen Hirten.

c) Biblische Widerstandstheologie

Wir gehorchen Gott mehr als Menschen, auch wenn das Verfolgung nach sich zieht. Manche haben ihre Passivität in den letzten zwei Jahren damit begründet, dass die staatlichen Eingriffe keine Verfolgung seien. Wenn sie Verfolgung wären, dann würden sie sich widersetzen und Gott mehr gehorchen als Menschen! Aber so herum funktioniert das nicht. Du gehorchst Gott nicht erst dann mehr als Menschen, wenn Verfolgung kommt. Du gehorchst Gott mehr als Menschen und deswegen kommt Verfolgung. Weil du Gott mehr gehorchst als dem Staat, wird der Staat dich verfolgen, nicht andersrum.

Wenn der Staat seine Aufgabe als Dienerin Gottes wahrnimmt, indem er das Gute belohnt und das Böse bestraft, dann ordnen wir uns ihm freudig unter. Aber wenn der Staat sich an die Stelle Gottes setzt und sich selbst zur höchsten moralischen Instanz macht und gottlose Ideologien durchsetzt und Böses gut nennt und Gutes böse, wenn er von uns etwas fordert, was Sünde ist in den Augen Gottes, dann müssen wir uns widersetzen. Und wenn der Staat als totalitärer Tyrann auftritt, der in die Herrschaftsbereiche eingreift, die Gott der Kirche oder der Familie oder dem einzelnen Menschen gegeben hat, dann müssen wir uns widersetzen. Wie der große Reformator Schottlands, John Knox, sagte: *Widerstand gegen Tyrannei ist Gehorsam gegenüber Gott.* Und ebenso gilt es umgekehrt: Kein Widerstand gegen Tyrannei ist Ungehorsam gegenüber Gott.

Das heißt konkret: Wenn der Staat Gottesdienste verbietet, widersetzen wir uns, denn Gott hat geboten, Gottesdienste zu feiern. Wenn der Staat verbietet, Gott zu singen, dann widersetzen wir uns, denn Gott hat geboten, Ihm zu singen. Wenn der Staat Taufen oder das Abendmahl verbietet oder reglementiert, dann widersetzen wir uns, weil Gott gebietet, zu taufen und das Abendmahl zu feiern. Wenn der Staat gebietet, dass man Abstand halten muss zwischen Geschwistern, dann widersetzen wir uns, weil Gott geboten hat, dass wir einander lieben sollen und den anderen nicht als tödliche Bedrohung behandeln sollen. Es sei denn, du bist wirklich krank. Dann halte Abstand, so wie wir das immer gemacht haben aus Rücksicht auf unseren Nächsten. Wenn der Staat gebietet, dass nur Menschen zum Gottesdienst kommen dürfen, die getestet sind oder geimpft sind oder eine Maske tragen, dann widersetzen wir uns, weil Christus alle einlädt, die mühselig und beladen sind, und nicht alle, die getestet und geimpft sind oder ein Stück Stoff vorm Gesicht tragen. Und wenn unser Widerstand bedeutet, dass wir deshalb Verfolgung leiden müssen, dann wollen wir sie gerne leiden. Und wir wollen denen beistehen, die ebenfalls leiden, weil sie

Gott mehr gehorchen als Menschen und dafür in Gefängnisse geworfen werden oder ihre Arbeit verlieren oder aus ihren Gemeinden hinausgetrieben werden.

Wer sich mit dieser Thematik intensiver beschäftigen will, dem kann ich eine Predigt empfehlen, die ich vor einiger Zeit über Römer 13 gehalten habe: Sie trägt den Titel „Unterordnung und Widerstand" und ist bei YouTube verfügbar und als Broschüre und CD beim Lichtzeichenverlag.

d) BIBLISCHES VERSTÄNDNIS VON CHRISTUS UND DER ENDZEIT

Habe ein biblisches Verständnis von Christus und von den letzten Dingen, von der Endzeit. Ich habe in den letzten zwei Jahren immer wieder von Christen gehört, dass es jetzt vorbei sei, jetzt komme Christus wieder und entrücke Seine Gemeinde vor dem Schlimmsten. Und diese Menschen sind dann in Passivität und Lethargie versunken. Sie haben nichts unternommen gegen das Unrecht. Sie haben einfach aufgegeben. So wie der Pastor, der seine Gemeinde schließt, weil jetzt die Endzeit begonnen habe und die Zeit der Gemeinde vorbei sei. Egal, welche Endzeitlehre du vertrittst, wenn sie zu solchen Ergebnissen führt, dann stimmt etwas nicht. Es ist nicht deine Aufgabe, zu rätseln, wann Christus wiederkommt. Es ist deine Aufgabe, treu für Ihn zu arbeiten und von Ihm zu zeugen, bis Er wiederkommt.

Und du kannst das freudig und zuversichtlich tun trotz aller Gefahren und auch im Angesicht eines übermächtigen Staates. Denn Christus ist Herr über die ganze Erde und über alle Menschen und auch die mächtigsten Staaten können nichts ausrichten gegen Ihn. Wenn sich die Könige und die Völker erheben und toben gegen Ihn, dann kann Er ihrer nur spotten, so vergeblich und lächerlich ist ihre Auflehnung. Habe deinen Blick nicht ängstlich gerichtet auf die Menschen, auf den mächtigen Staat, sondern richte deinen Blick auf den mächtigen Herrn, der über Allem ist! Er ist auch Herr über den Bundeskanzler und den Gesundheitsminister. Ihm ist alle Gewalt gegeben im Himmel und auf Erden! Und darum fasse Mut, und kämpfe den guten Kampf! Wir haben das getan. Wir sind aufgestanden gegen das Unrecht. Wir haben den ACCH gegründet. Wir haben Gebetstage ausgerufen. Und ich bin überzeugt, dass wir heute deshalb keine allgemeine Impfpflicht in Deutschland haben, die völlig sicher erschien, weil der Herr die Gebete der Seinen erhört hat.

Versinkt nicht in Pessimismus und Passivität, zieht euch nicht zurück, sondern kämpft freudig den Kampf, den der Herr euch vorgelegt hat!

Besonders an die Pastoren gerichtet: Lasst die prophetische Stimme der Kirche wieder mutig und klar erklingen in unserem Land! Predigt gegen die Gottlosigkeit und die Gesetzlosigkeit! Predigt gegen die gottlosen Vorhaben der Politiker! Predigt für das, was recht ist! Verkündigt Christus als den Herrn über alles! Und wenn das bedeutet, dass wir für Christus zeugen müssen in einer Zeit, die viel schwieriger und gottesfeindlicher ist, als die Jahrzehnte zuvor, dann sei es so! Diese ganze gottlose Ideologie wird in sich zusammenbrechen. Und dann müssen treue Christen da sein, um dieses Land nach biblischen Maßstäben wieder aufzubauen. Möge der Herr uns die Kraft dazu geben. Ihm sei Ehre und ewige Macht! Amen.

TEIL 6

FRANKFURTER ERKLÄRUNG
CHRISTLICHER UND BÜRGERLICHER FREIHEITEN

Dr. Paul Hartwig, Steven Lloyd und Tobias Riemenschneider

Im Verlauf der Geschichte wird es für gewissenhafte Menschen manchmal notwendig, die Stimme gegen den Missbrauch von Macht zu erheben. Dies sollte nur nach gründlicher Überlegung und unter Gebet geschehen und in einer Haltung der Demut und der Achtung der von Gott eingesetzten Autoritäten. Ein solcher Protest sollte in der Hoffnung geäußert werden, dass staatliche Behörden, die Rechte und Freiheiten aushöhlen, ihrer Verantwortung als deren rechtmäßige Hüter wieder gerecht werden mögen.

Einige besorgte Pastoren von verschiedenen Kontinenten haben sich aufgrund eines sich abzeichnenden Totalitarismus des Staates über alle Bereiche der Gesellschaft, einschließlich der Kirche, und der Besorgnis über die Missachtung gottgegebener und verfassungsmäßig garantierter Rechte während der Covid-Krise zusammengetan, um eine feierliche Erklärung zu verfassen, welche diesen Bedrohungen die zeitlosen Wahrheiten des Wortes Gottes entgegenstellen soll. Die folgenden, sich aus biblischen Prinzipien ableitenden Bekenntnisse und Verwerfungen legen wir allen Christen und den zuständigen Behörden zur Prüfung vor, in der Hoffnung, dass dieses Schriftstück Orientierung und Stärkung für ein treues Zeugnis für Jesus Christus in unserer Zeit geben wird.

2 Sam 12,1-14; Apg 4,24-29; Röm 13,1-7; 1 Petr 2,13-14

ARTIKEL 1: GOTT, DER SCHÖPFER, ALS SOUVERÄNER GESETZGEBER UND RICHTER

Wir bekennen, dass der dreieinige Gott – Vater, Sohn und Heiliger Geist – der persönliche Schöpfer aller Dinge, sichtbar und unsichtbar, ist, der heilige und alleinige Machthaber und der höchste Gesetzgeber für alles menschliche Verhalten. Wir glauben, dass Er in der Heiligen Schrift und im Gewissen der Menschen eine unveränderliche Moral offenbart hat, die in Seinem eigenen Charakter begründet ist und die für alle Menschen zu allen Zeiten definiert, was gutes und böses Verhalten ist. Als Gesetzgeber hat Gott einen Tag festgesetzt, an dem Er den Erdkreis richten wird in Gerechtigkeit durch einen Mann, den Er dazu bestimmt hat, den auferstandenen Herrn Jesus Christus. Ihm sei Ehre und ewige Macht! Amen.

Wir verwerfen daher die Annahme, dass unpersönliche Materie die letztgültige Realität hinter allen Dingen sei, sowie die Überzeugung, dass menschliches Verhalten ein rein biologisches oder soziologisches Phänomen sei. Da Gott der höchste Gesetzgeber und Richter ist, sprechen wir jeder weltlichen Autorität das Recht ab, zu definieren, was Moral ist, und von ihren Bürgern bedingungslosen Gehorsam zu verlangen, wenn dies im Widerspruch zu Seinem Gesetz steht. Wir haben auch berechtigte Gründe, die ethischen Grundsätze und moralischen Vorstellungen des modernen Staates in Frage zu stellen, da sein säkularer Humanismus und seine relativistische Ethik keine übergeordnete Grundlage für menschliches Verhalten oder Moral haben.

Gen 1,1; 2,15-17; Ex 1,17; 20,1-17; Jos 2,3-6; Ps 9,7-8; Dan 6,11; Mi 6,8; Mt 28,19; Apg 4,19; 5,29; 9,25; 12,17; 17,31; Röm 1,32; 2,14-16; 11,36; Kol 1,16; 1 Tim 1,17; 6,15-16; 2 Tim 3,16-17; Hebr 11,3; Jak 4,12; Offb 4,11

ARTIKEL 2: GOTT ALS QUELLE DER WAHRHEIT UND DIE ROLLE DER WISSENSCHAFT

Wir bekennen, dass Gott, der Schöpfer, die Wahrheit ist und dass es daher eine objektive Wahrheit gibt, die sich aus Seiner Offenbarung in der Heiligen Schrift und der Natur sowie aus allen Tatsachen, die glaubhaft nachgewiesen werden können, ableiten lässt. Wir befürworten eine Wissenschaft, die mittels wissenschaftlicher Methoden und Debatten die Wahrheiten zu entdecken strebt, die Gott in die natürliche Welt hineingelegt hat. Wir erkennen aber auch die Grenzen der Wissenschaft an, einschließlich ihrer Unfähigkeit, verbindliche Aussagen über Bereiche zu treffen, die außerhalb ihres Fachgebiets liegen, und ihrer Neigung zu Irrtümern, wenn es an Daten mangelt. Da der Mensch in Sünde gefallen ist, bekennen wir ferner, dass all seine Gedanken, Schlussfolgerungen und Institutionen einen Grad an Verdorbenheit aufweisen, der sie dazu geneigt macht, die Wahrheit zu verzerren, zu verfälschen oder zu unterdrücken.

Wir verwerfen daher die Vorstellung, dass menschliche Regierungen moralisch und ideologisch neutral seien und immer wüssten oder erstrebten, was gut für ihre Bürger ist, und dass man ihren Narrativen bedingungslos trauen sollte. Wir lehnen jede Art von Täuschung, Angstmacherei, Propaganda und Indoktrination durch den Staat und die Massenmedien sowie jede voreilige, selektive oder ideologisch manipulierende Berichterstattung über umstrittene Zeitfragen ab. Wir lehnen ferner die Behauptungen eines sogenannten „wissenschaftlichen Konsenses" ab, der die wissenschaftliche Methode verlässt und die Einwände Andersdenkender ignoriert oder unterdrückt. Ebenso lehnen wir den Szientismus ab, da wissenschaftliche Erkenntnisse, selbst wenn sie ein bestimmtes Phänomen korrekt beschreiben, nicht angemessen und normativ komplexe soziale Realitäten adressieren oder politische Maßnahmen vorschreiben können, die ethische Implikationen haben.

Gen 6,5; Ps 19,1-8, 31,6; 119,160; Pred 7,29; Joh 3,33; 14,6; 16,13; 17,17; Röm 1,18-20; 2 Kor 4,2; Eph 2,3; 1 Tim 3,15; 2 Tim 3,16-17; Jak 2,9; Offb 13,11-15

ARTIKEL 3: DER MENSCH ALS EBENBILD GOTTES

Wir bekennen, dass jeder Mensch im Ebenbild Gottes (*imago Dei*) geschaffen ist und daher ihm innewohnende Würde und Wert sowie bestimmte unveräußerliche Rechte und Freiheiten besitzt, die für ein angemessenes menschliches Leben erforderlich sind. Zu diesen Rechten und Freiheiten gehören das Recht auf gemeinschaftliche Gottesdienste, auf persönliche und zwischenmenschliche Beziehungen, auf eine berufliche Tätigkeit und auf Teilnahme an den wichtigen Ereignissen des menschlichen Lebens, wie etwa das Recht, Kranke und Sterbende (insbesondere der eigenen Familie) zu trösten, an Beerdigungen teilzunehmen, der Geburt des eigenen Kindes beizuwohnen, in einer öffentlichen Versammlung zu heiraten, Gemeinschaft zu haben und gemeinschaftlich mit anderen Feste zu feiern sowie einer ehrlichen Arbeit nachzugehen. Wir bekennen auch, dass Regierungen anerkennen sollten, dass jeder Einzelne für sein eigenes körperliches Wohlergehen verantwortlich ist, und dass sie das Recht auf persönliche medizinische Selbstbestimmung zu schützen haben.

Wir verwerfen daher die entwürdigenden Handlungen einer staatlichen Behörde oder anderen Einrichtung, eine Person psychologischer Manipulation und Einschüchterung zu unterziehen. Dazu gehört das Schüren von Misstrauen gegenüber anderen, indem man sie als potenzielle Bedrohung für das gemeinsame und individuelle Wohl darstellt. Wir wenden uns auch dagegen, dass der Staat seinen Bürgern medizinische Entscheidungen vorschreibt und Personen, die sich gegen die medizinische Politik ihrer Regierung entscheiden, kriminalisiert, zwangsweise ausgrenzt, beruflich benachteiligt und auf andere Weise entrechtet. Wir lehnen daher alle Formen medizinischen Zwangs und Einschränkung persönlicher Freiheiten für Menschen, die nicht mit einer ansteckenden, lebensbedrohlichen Krankheit infiziert sind, ab. Dazu gehören die Einführung von Impfpässen, sozialer Distanzierung oder Maskenpflichten als allgemeiner Voraussetzung für den Zugang zu öffentlichen Orten oder zur Teilnahme am Arbeits- oder Gesellschaftsleben. Globale Entwicklungen hin zum Transhumanismus und zur technologischen Überwachung und Kontrolle von Menschen lehnen wir ebenfalls ab, da sie die menschliche Handlungsfähigkeit untergraben, die so grundlegend für unsere von Gott gegebene Berufung ist, als Seine Ebenbilder zu leben.

Gen 1,26-28; 2,24; 9,6; Ex 20,9; Dan 3,1-30; Mt 25,31-40; 1 Kor 6,12-20; 1 Thess 4,11-12; Jak 3,9; 5,14-15; Offb 13,16-17

ARTIKEL 4: GOTT GEGEBENE AUFGABEN UND GRENZEN VON AUTORITÄT

Wir bekennen, dass alle irdischen Autoritäten ihre Autorität („das Recht, Gehorsam zu verlangen") von Gott ableiten, der über allem steht und vor dem alle Rechenschaft ablegen müssen. Wir glauben, dass Er ihre unterschiedlichen Zuständigkeitsbereiche (Mandate) festgelegt und dadurch auch ihrer Autorität Grenzen gesetzt hat. Gott hat den staatlichen Regierungen die Autorität verliehen, das Gute zu belohnen und das Böse zu bestrafen und die gottgegebenen Rechte und Freiheiten, die allen Menschen zukommen, zu schützen. Er hat auch der Kirche in ihren verschiedenen Ausprägungen die Autorität übertragen, insbesondere um alle Völker zu Jüngern zu machen durch die Predigt des Wortes Gottes und Gemeinschaften erlöster Gläubiger zu gründen und zu verwalten, die unter der Herrschaft Christi leben. Zudem hat Er der Familie als der Keimzelle der Gesellschaft die Autorität übertragen, den gesellschaftlichen Zusammenhalt und die sexuelle Treue zu fördern und Kinder zu schützen, zu versorgen, zu unterrichten und zu erziehen in den Wegen des HERRN. Wir bekennen unser Recht als Bürger, Eltern und Christen, unsere Überzeugungen und Verhaltensweisen auf der Grundlage dieser Wahrheiten frei selbst zu bestimmen.

Wir verwerfen daher totalitäre Ideologien von Regierungen, welche die Grenzen ihrer Autorität nicht anerkennen und die von Gott der Kirche oder der Familie übertragene Autorität an sich reißen. Insbesondere lehnen wir Tendenzen von Regierungen ab, die darauf abzielen, den Glauben und das

Verhalten ihrer Bürger zu zentralisieren, indem sie eine autoritäre Gesellschaft schaffen, in der der Staat absolut ist. Ein solcher Totalitarismus und Etatismus beruht auf Anschauungen, die Gut und Böse sowie die Natur des Menschen grundlegend neu definiert haben und im Widerspruch zur göttlichen Ordnung der Dinge stehen. Solche Anschauungen haben zur Folge, dass persönliche Freiheiten im Allgemeinen und religiöse Freiheiten im Besonderen ausgehöhlt werden und eine ideologische Intoleranz erzeugt wird, die darauf gerichtet ist, Andersdenkende zum Schweigen zu bringen, sie aus dem Diskurs auszuschließen und umzuerziehen. Wir wenden uns auch gegen die Auffassung, dass Kinder Eigentum des Staates und damit Subjekte sind, die indoktriniert werden können, sowie gegen jede Ermutigung oder Manipulation von Kindern, sich ohne elterliche Zustimmung medizinischen Eingriffen zu unterziehen.

Dtn 6,6-7; Mt 22,20-21; 28,18-19; Joh 17,14; Röm 12,1-2; 13,1-7; Eph 5,21-6,4; Phil 2,14-16; Kol 3,18-20; 1 Tim 2,1-2; Hebr 13,17; 1 Petr 2,13-14; 4,15; Offb 13,7-8

ARTIKEL 5: CHRISTUS ALS DAS HAUPT DER KIRCHE

Wir bekennen, dass die Kirche des Herrn Jesus Christus um den Preis Seines Lebens Ihm gehört und dass sie in allen Fragen des Glaubens und der Glaubenspraxis allein Ihm gegenüber rechenschaftspflichtig ist. Wir glauben, dass Christi Gebot, dem Kaiser (d.i. der staatlichen Obrigkeit) zu geben, was dem Kaiser gehört, und Gott, was Gott gehört, die funktionale Unabhängigkeit der Kirche vom Staat begründet. Wir glauben, dass Christus, der Herr über alles ist, alle ohne jeden Unterschied dazu aufruft, sich frei und regelmäßig in Seinem Namen in Ortsgemeinden zu versammeln, um Ihn in Wahrheit und Liebe anzubeten und Ihm zu dienen. Wir bekennen ferner, dass die Aktivitäten der Ortsgemeinde, soweit sie wesentliche gottesdienstliche Handlungen darstellen, allein von Christus bestimmt werden.

Wir verwerfen daher die Annahme, dass irgendeine andere Autorität Befugnisse über die Kirche hat, ihre Angelegenheiten in Fragen des Glaubens und der Glaubenspraxis zu regeln oder ihre Aktivitäten auf einen nicht wesentlichen Status herabzusetzen. Wir verurteilen daher alle Maßnahmen des Staates, die der Kirche Zwangsmaßnahmen auferlegen und ihre Aktivitäten, die als Dienst an ihrem Herrn getan werden, kriminalisieren, behindern oder reglementieren. Schließlich widersetzen wir uns der Entwicklung, digitale Plattformen in christlichen Gottesdiensten und Diensten zu einem Ersatz für die gemeinschaftlichen und persönlichen Dienste zu machen, die für unseren Glauben wesentlich sind.

Mt 18,20; 22,21; Apg 5,28-29; 10,36; 20,28; Röm 13,6-7; 1 Kor 12,12-13; 2 Kor 4,5; 5,10; Eph 1,20b-23; 3,20; 4,15-16; Kol 1,27; 1 Tim 6,3-5; Hebr 10,24-25; Offb 5,9

Ein Aufruf zu Respekt, Busse und Widerstand

Wir sprechen denjenigen staatlichen Behörden unsere Anerkennung und unseren Dank aus, die das grundlegende Wesen dieser christlichen Überzeugungen und Praktiken respektieren und die persönlichen und religiösen Freiheiten aufrechterhalten. Die staatlichen Stellen, die diese Freiheiten missachtet haben, rufen wir auf, umzukehren und wieder zu Hütern der Freiheit und der Rechte zu werden, die Gott allen Menschen verliehen hat, damit sie sich nicht durch den Missbrauch ihrer gottgegebenen Autorität Gottes Zorn zuziehen. Denjenigen, die uns zwingen wollen, dem säkularen Staat mehr zu gehorchen als Gott, sagen wir respektvoll, aber entschieden (wie die drei Hebräer, die sich weigerten, die goldene Statue Nebukadnezars anzubeten): „Wir halten es nicht für nötig, dir ein Wort darauf zu erwidern. Der Gott, dem wir dienen, vermag uns aus deiner Hand zu erretten, und Er wird uns aus deiner Hand erretten. Aber auch wenn Er es nicht tut, es sei dir kund, dass wir deinen Göttern nicht dienen und die Götzen, die du aufgerichtet hast, nicht anbeten werden." (Dan 3,16-18)

Unseren Brüdern und Schwestern in Christus auf der ganzen Welt sagen wir: „Seid stark und mutig! Erschreckt nicht und fürchtet euch nicht! Denn der HERR, euer Gott, ist mit euch überall, wohin ihr geht." (Jos 1,9) Es erscheint möglich, dass die Welt in eine Zeit der Prüfung eintreten könnte, nicht nur für die Kirche, sondern für alle, die an die Freiheit glauben und sich der Tyrannei widersetzen. Lasst uns an der Seite derer stehen, die bedrängt, verhaftet oder gewaltsam isoliert werden, weil sie sich entschieden haben, das Rechte zu tun. Lasst uns an der Seite derer stehen, deren Kirchen gewaltsam geschlossen werden oder die aus ihren Gemeinden vertrieben werden. Lasst uns denen, die zu Geldstrafen verurteilt werden oder ihre Arbeit um Christi willen verlieren, helfen und sie auf praktische Weise unterstützen. Und wir bitten unsere Brüder und Schwestern, die ihr ganzes Leben lang unter Verfolgung gelebt haben, für uns zu beten, dass Gott uns die Gnade gebe, diejenigen zu segnen, die uns verfolgen, und für sie zu beten; dass Gott uns den Mut gebe, in unserem Glauben standhaft zu bleiben als Seine Zeugen; und dass Er, der Herr über alle, uns die Kraft gebe, treu zu bleiben und auszuharren bis ans Ende. Amen.

2 Sam 12,1-14; Dan 5,22-23; Mt 24,12-13; 1 Kor 16,13-14; Eph 5,10-13

[Unterschriften][82]

TEIL 7

CHRISTEN GEGEN MACHTMISSBRAUCH: THEOLOGEN AUF DER GANZEN WELT UNTERZEICHNEN ERKLÄRUNG GEGEN STAATLICHE LOCKDOWNS[83]

Ben Zeisloft

> *„Die Stadt der Menschen scheiterte in Babel,*
> *und sie wird auch heute wieder scheitern. "*

Vor dreizehn Jahrhunderten fällte ein angelsächsischer Missionar namens Bonifatius eine Eiche in Germanien, die als dem Gott Thor heilig galt, was viele Einheimische dazu brachte, den dreieinigen Gott anzubeten. Heute kommen Pastoren aus der ganzen Welt wieder in Deutschland zusammen, um die Götzen unserer Zeit zu bekämpfen.

In der vergangenen Woche wurde die Frankfurter Erklärung christlicher und bürgerlicher Freiheiten als Antwort auf den autoritären Geist, der viele westliche Regierungen erfasst hat, veröffentlicht. In einer Reihe von Interviews mit The Daily Wire erklärten mehrere der Unterzeichner – von denen viele bereits internationale Aufmerksamkeit für ihren gerechten Widerstand gegen den unrechtmäßigen Totalitarismus erlangt haben –, warum das Christentum die einzige Grundlage ist, auf welcher die Menschheit den Missbrauch von Macht zurückweisen können.

GOTT DER SCHÖPFER

In der westlichen Welt hat der Materialismus – die Ansicht, dass Materie und Bewegung das ganze Ausmaß der Wirklichkeit seien – zu einer Leugnung Gottes als souveränem Schöpfer geführt. Die Frankfurter Erklärung bekräftigt die Rolle Gottes als letztgültige Quelle der Wahrheit und der Ethik: *Wir glauben, dass Er in der Heiligen Schrift und im Gewissen*

der Menschen eine unveränderliche Moral offenbart hat, die in Seinem ei-
genen Charakter begründet ist und die für alle Menschen zu allen Zeiten
definiert, was gutes und böses Verhalten ist. Als Gesetzgeber hat Gott einen
Tag festgesetzt, an dem Er den Erdkreis richten wird in Gerechtigkeit durch
einen Mann, den Er dazu bestimmt hat, den auferstandenen Herrn Jesus
Christus. Ihm sei Ehre und ewige Macht! Amen. Die Erklärung lehnt daher
die Vorstellung ab, dass irgendeine irdische Autorität berechtigt sei, zu definieren, was Moral ist, oder Ungehorsam gegenüber dem, was Gott gebietet, anzuordnen – zumal sich viele Regierungen dem Postmodernismus
verschrieben haben, der außerstande ist, eine kohärente Grundlage für Moral zu bieten.

Dr. Joe Boot – Gründer des Ezra-Instituts für zeitgenössisches Christentum in Ontario, Kanada – erklärte gegenüber The Daily Wire, dass die
christliche Vorstellung von einem „Kosmos, der sich von einem unendli-
chen, persönlichen Gott zwar unterscheidet, aber von Ihm regiert wird, der
immer wahrhaftig und treu ist", eine radikale Abkehr vom früheren Hei-
dentum markierte. „Die westliche Zivilisation blühte auf, wurde wohlha-
bend, fortschrittlich und weltweit dominant aufgrund einer Weltanschauung, die die Entwicklung von Wissenschaft und Technologie ermöglichte,
weil sie an einen geordneten Kosmos mit Gesetzessphären glaubte, und die
gleichzeitig von einer tiefen moralischen Überzeugung an objektive Stan-
dards von Recht und Unrecht geleitet war", bemerkte er. „Dies führte zu
Bildung, Alphabetisierung, sozialer Stabilität und dem Aufbau von Zivilisation in einem Ausmaß, das es in der Geschichte der Menschheit noch nie
gegeben hatte." Das Ergebnis der Abkehr des Westens vom Christentum
zugunsten verschiedener Ideologien – einschließlich des säkularen Humanismus und des Marxismus – ist hingegen ein fortschreitender kultureller
Verfall. „Wenn wir als Gesellschaft nicht mehr an die Schöpfung und das
Gericht gemäß den Gesetzen Gottes für Sein Universum glauben, werden
wir immer weiter in eine völlige Sinnlosigkeit dekonstruiert", so Boot weiter. „Die christliche Idee eines Universums – Einheit in Vielfalt – wird zu
einem heidnischen pluralistischen Multiversum ohne letztgültige Ordnung,
Struktur oder Plan, und das Ergebnis davon ist ein wachsender Nihilismus.
Als Reaktion darauf versucht der moderne Staat, pseudoreligiöse Glau-
benssätze für die Massen zu erfinden, um die Menschen unter Kontrolle zu
halten. Daher die neue Religion des Klimas, der Rettung des Planeten und
des drohenden Untergangs, wenn wir nicht durch die zentrale Steuerung
und Planung des neuen Gottes „Staat" gerettet werden."

GOTT UND WISSENSCHAFT

Während säkulare Regierungen Schwierigkeiten haben, in den grundlegendsten Fragen des menschlichen Lebens – wie etwa der Definition von Mann und Frau – kohärent zu bleiben, bekräftigt die Frankfurter Erklärung, dass die Schöpfung durch objektive Wahrheit geordnet ist, die der Mensch durch wissenschaftliche Beobachtung ergründen kann: *Wir befürworten eine Wissenschaft, die mittels wissenschaftlicher Methoden und Debatten die Wahrheiten zu entdecken strebt, die Gott in die natürliche Welt hineingelegt hat. Wir erkennen aber auch die Grenzen der Wissenschaft an, einschließlich ihrer Unfähigkeit, verbindliche Aussagen über Bereiche zu treffen, die außerhalb ihres Fachgebiets liegen, und ihrer Neigung zu Irrtümern, wenn es an Daten mangelt. Da der Mensch in Sünde gefallen ist, bekennen wir ferner, dass all seine Gedanken, Schlussfolgerungen und Institutionen einen Grad an Verdorbenheit aufweisen, der sie dazu geneigt macht, die Wahrheit zu verzerren, zu verfälschen oder zu unterdrücken.* Die Erklärung lehnt jedoch die Instrumentalisierung der Wissenschaft für Angstmacherei oder Propaganda ab, hält fest, dass die Wissenschaft nicht ausreicht, um ethische Fragen zu beantworten, und weist die Vorstellung zurück, dass der Mensch ideologisch neutral sein könne.

Dr. James White – Pastor der Apologia Church in Mesa/Tempe, Arizona – erklärte gegenüber The Daily Wire, dass der „Mythos der Neutralität" den westlichen Evangelikalismus gelähmt und die Kooperation glaubensbasierter Institutionen mit dem Lockdown-Regime ermöglicht habe. „Ein konsistentes christliches Verständnis der Welt beginnt mit der Anerkennung Gottes als Schöpfer und der Tatsache, dass alles, was existiert, ohne Ausnahme durch Seinen Vorsatz, Sein Gesetz, Seine schlussendliche Ehre definiert wird", bemerkte White. „Es gibt keine neutrale Tatsache, denn wenn es eine Tatsache ist, hat Gott sie gemacht." White fügte hinzu, dass das Entfernen Gottes aus diesem Bild dazu führe, dass der Mensch das Vakuum füllt, das allein Gott ausfüllen sollte. „Dies bedeutet auch, dass das gesamte menschliche Forschen, einschließlich der wissenschaftlichen Forschung, in erster Linie eine Erforschung der Werke Gottes ist und daher keine Neutralität vorgeben kann", fuhr er fort. „Wenn Gott alle Dinge in der Schöpfung definiert hat, werden wir die wahre Bedeutung der Schöpfung gewiss verfehlen, wenn wir so tun, als könnte Gott eher zu einer Nebensächlichkeit als zu der zentralen, definierenden Realität gemacht werden."

DIE MENSCHHEIT ALS EBENBILD GOTTES

Die Tradition der individuellen Rechte, der Gleichheit vor dem Gesetz und der begrenzten Regierung in der westlichen Welt wurzelt in der Anerkennung der Tatsache, dass der Mensch im Bild Gottes geschaffen ist. Die Frankfurter Erklärung bestätigt, dass diese unveräußerlichen Rechte den Staat daran hindern, sein Volk zu entmenschlichen: *Zu diesen Rechten und Freiheiten gehören das Recht auf gemeinschaftliche Gottesdienste, auf persönliche und zwischenmenschliche Beziehungen, auf eine berufliche Tätigkeit und auf Teilnahme an den wichtigen Ereignissen des menschlichen Lebens, wie etwa das Recht, Kranke und Sterbende (…) zu trösten, an Beerdigungen teilzunehmen, der Geburt des eigenen Kindes beizuwohnen, in einer öffentlichen Versammlung zu heiraten, Gemeinschaft zu haben und gemeinschaftlich mit anderen Feste zu feiern sowie einer ehrlichen Arbeit nachzugehen. Wir bekennen auch, dass Regierungen anerkennen sollten, dass jeder Einzelne für sein eigenes körperliches Wohlergehen verantwortlich ist, und dass sie das Recht auf persönliche medizinische Selbstbestimmung zu schützen haben.* Die Erklärung stellt fest, dass Lockdowns und andere Anordnungen den angeborenen Wert der Menschheit verneinen, indem sie sie Manipulation, erzwungener Absonderung und ungerechtfertigtem Freiheitsentzug aussetzen.

Tobias Riemenschneider — Pastor der Evangelisch-Reformierten Baptistengemeinde in Frankfurt, Deutschland — erläuterte The Daily Wire, dass das moderne Darwinistische Verständnis der Menschheit „keinen Schutz gegen den Missbrauch von Macht durch den Stärkeren" biete. „Wir glauben, dass wir nun die Auswirkungen des Menschenbildes sehen, welches die Staaten der westlichen Welt seit vielen Jahrzehnten fördern – nämlich, dass der Mensch nicht mehr sei als das Produkt eines unpersönlichen und letztlich sinnlosen evolutionären Prozesses ohne jede transzendentale Bedeutung oder Wert", sagte Riemenschneider. „Nach der biblischen Weltanschauung hingegen hat Gott den Menschen in Seinem Bilde und Ihm ähnlich geschaffen, wodurch alle Menschen inhärente Würde und Wert erhalten, aus welchen sich gottgegebene, unveräußerliche Rechte und Freiheiten ableiten, welche der Staat achten und schützen muss." „Wenn der Staat eine Person dieser Rechte und Freiheiten beraubt oder diese von der Einhaltung bestimmter Anordnungen abhängig macht, entmenschlicht er sie und macht sie zu bloßen Objekten staatlicher Tyrannei," fügte er hinzu. „Für einen bleibenden Schutz unserer Freiheiten ist es daher erforderlich, dass der Staat zur jüdisch-christlichen Sicht von Gott als dem Schöpfer der Menschen zurückkehrt, da nur dies die Grundlage für den unveräußerlichen Wert eines jeden Menschen bildet."

GRENZEN VON AUTORITÄT

Legitime irdische Mächte leiten ihre Autorität – das Recht, Gehorsam zu verlangen – von dem Gott ab, dem alle Rechenschaft ablegen müssen. Dementsprechend stellt die Frankfurter Erklärung fest, dass der Kirche und dem Staat nur eine begrenzte Autorität über ihre jeweiligen Bereiche gewährt ist: *Gott hat den staatlichen Regierungen die Autorität verliehen, das Gute zu belohnen und das Böse zu bestrafen und die gottgegebenen Rechte und Freiheiten, die allen Menschen zukommen, zu schützen. Er hat auch der Kirche in ihren verschiedenen Ausprägungen die Autorität übertragen, insbesondere um alle Völker zu Jüngern zu machen durch die Predigt des Wortes Gottes und Gemeinschaften erlöster Gläubiger zu gründen und zu verwalten, die unter der Herrschaft Christi leben.* Die Erklärung lehnt daher die Tendenz von Regierungen ab, Glaubensüberzeugungen zu zentralisieren oder zu versuchen, Gut und Böse neu zu definieren – Machtgriffe, welche die Vielfalt des Denkens und der Glaubensüberzeugungen verbieten und gleichzeitig alle Bürger, insbesondere Kinder, an die genehmigten Sichtweisen des Staates angleichen.

Tim Stephens – Pastor der Fairview Baptist Church in Alberta, Kanada — erläuterte The Daily Wire, dass säkulare Regierungen meinen, ihre Verordnungen müssten „das ganze Leben umfassend". „Anstatt ihre Autorität, Gerechtigkeit unter der Herrschaft Christi zu wirken, auszuüben, nehmen sie selbst den Platz Gottes als Gesetzgeber, Versorger und Retter ein", erklärte er. „Das Problem ist, dass die Regierung ein mieser Retter ist, der durch seine Eingriffe den Familien und Unternehmen sowohl ihre Verantwortung als auch ihre Freiheit wegnimmt – zum Nachteil aller." Stephens, der letzten Sommer in einem Gefängnis der maximalen Sicherheitsstufe inhaftiert wurde, weil er sich einer Lockdown-Verordnung widersetzt und seine Kirche geöffnet hatte, fügte hinzu, dass Zivilregierungen Männer anziehen, die die Macht zu ihrem eigenen Vorteil nutzen wollen. „Ohne Gotteserkenntnis versuchen die Menschen, der Welt unabhängig vom Erlöser Gottes, Jesus Christus, Heil zu bringen. Heute versuchen die Menschen, das Klima zu kontrollieren, die menschliche Identität zu ändern und globalen Frieden durch die Macht menschlicher Regierungen zu schaffen", bemerkte Stephens. „Diese Initiativen führen jedoch zu wirtschaftlichem Ruin, verstümmelten Kindern und zunehmender Tyrannei sowie zu Konflikten und Spaltung. Die Stadt der Menschen scheiterte in Babel, und sie wird heute wieder scheitern."

CHRISTUS ALS DAS HAUPT DER KIRCHE

Christen wissen, dass Jesus Christus Seine Kirche erkauft und sie durch Sein stellvertretendes Sühnopfer am Kreuz von ihren Sünden erlöst hat. Die Frankfurter Erklärung bekräftigt daher, dass die Kirche das Recht hat – wie von Jesus selbst definiert –, ohne unnötige Einmischung des Staates im Geist und in der Wahrheit anzubeten: *Wir glauben, dass Christus, der Herr über alles ist, alle ohne jeden Unterschied dazu aufruft, sich frei und regelmäßig in Seinem Namen in Ortsgemeinden zu versammeln, um Ihn in Wahrheit und Liebe anzubeten und Ihm zu dienen. Wir bekennen ferner, dass die Aktivitäten der Ortsgemeinde, soweit sie wesentliche gottesdienstliche Handlungen darstellen, allein von Christus bestimmt werden.* Die Erklärung verneint also, dass weltliche Regierungen befugt sind, die Angelegenheiten der Kirche in Fragen des Glaubens und der Glaubenspraxis zu regeln.

Dr. John MacArthur – leitender Pastor der Grace Community Church in Sun Valley, Kalifornien – sagte gegenüber The Daily Wire, dass irdische Autoritäten „immer dazu tendiert haben, Christus als Widersacher und Störenfried zu betrachten". „Von Herodes und Pontius Pilatus bis heute haben irdische Regierungen stets versucht, Kontrolle über Christus und Sein Reich auszuüben", erklärte MacArthur. „Der Kaiser begnügt sich nicht mit dem, was des Kaisers ist; er will auch die Kontrolle über die Dinge, die Gottes sind. Deshalb versuchen irdische Herrscher seit jeher, so viel Macht über die Kirche zu erlangen, wie es ihnen möglich ist." MacArthur, dessen Kirche einen Rechtsstreit gegen den Staat Kalifornien gewann, nachdem die Behörden versucht hatten, die Einstellung von Gottesdiensten anzuordnen, merkte an, dass ungerechte Verordnungen – einschließlich solcher, welche Abtreibung, gleichgeschlechtliche Ehe und die „barbarische, heidnische Verstümmelung von Kindern" fördern – eine „formelle, parlamentarische Kriegserklärung gegen Gott" darstellten. „Der Auftrag der Kirche ist kein parteipolitischer Auftrag. Es gibt keine politische Lösung für das, was unsere Gesellschaft krank macht. Der Auftrag der Kirche besteht darin, das Evangelium zu verkünden, Seelen aus dem Reich der Finsternis zu retten und sie zu Jüngern Christi zu machen", so MacArthur weiter. „Je mehr sich Cäsar in die Angelegenheiten Christi einmischt, desto mehr muss sich die Kirche allerdings zu den ewigen und geistlichen Angelegenheiten äußern." „Wir werden uns weiterhin zu diesen Themen äußern, und wenn die Regierung versucht, die Botschaft zum Schweigen zu bringen oder den Überbringer zu bestrafen, werden wir uns nicht beugen."

TEIL 8

WARUM ICH DIE FRANKFURTER ERKLÄRUNG UNTERSCHRIEBEN HABE[84]

Dr. John MacArthur

C hristus verkündigte: „Mein Reich ist nicht von dieser Welt ... jetzt aber ist mein Reich nicht von hier" (Johannes 18,36). Weit davon entfernt, sich als Rivale des Kaisers aufzuspielen, sagte Er, dass die Kirche einem anderen, höheren Bereich zugehört, als jede irdische Regierung, und dass sie daher keine Bedrohung für die *rechtmäßige* Autorität des Kaisers darstellt. Der Zweck der Kirche besteht nicht darin, irdische Regierungen zu stürzen oder an sich zu reißen. Jesus bekräftigte dies, als Er sagte: „Gebt dem Kaiser, was des Kaisers ist, und Gott, was Gottes ist" (Matthäus 22,21).

Hingegen hat Cäsar immer dazu geneigt, Christus als Widersacher und Störenfried zu betrachten. Von Herodes und Pontius Pilatus bis heute haben weltliche Regierungen immer versucht, Kontrolle über Christus und Sein Reich auszuüben. Cäsar begnügt sich nicht mit dem, was dem Cäsar gehört; er will auch die Kontrolle über die Dinge, die Gott gehören. Deshalb versuchen weltliche Herrscher beständig, so viel Herrschaft über die Kirche zu erlangen, wie sie nur können.

Die postmodernen Politiker von heute sind genauso entschlossen, sich in Angelegenheiten einzumischen, die Christus betreffen, wie jede andere Regierung in der Geschichte. Sie zwingen moralische Maßstäbe auf, die biblischen Grundsätzen zuwiderlaufen. Sie nutzen die mächtige Kanzel Cäsars, um biblische Werte gar als Bedrohung für die Existenz der Menschheit darzustellen. Sie unterstützen und subventionieren sogar solche, die Kinder mit offen antichristlichen Ideologien indoktrinieren wollen. Sie bringen Durchführungsverordnungen, Regulierungsbehörden und willkürliche Auflagen hervor, die die Arbeit der Kirche behindern oder aufhalten würden.

Die COVID-Jahre haben die Strategie Cäsars unleugbar deutlich gemacht. Staatliche Restriktionen verpflichteten die Kirchen, keine Versammlungen abzuhalten, während Kasinos und Massagesalons weiter betrieben werden durften. Beamte schauten weg, als linken Demonstranten freie Hand gelassen wurde, sich zu versammeln und sogar zu randalieren, aber dieselben Beamten arbeiteten unnachgiebig daran, die Kirchen geschlossen zu halten.

Gehorsam gegenüber einer solch hemmungslosen, willkürlichen staatlichen Kontrolle hätte Ungehorsam gegenüber der Heiligen Schrift bedeutet. Gott befiehlt seinem Volk eindeutig, das regelmäßige Zusammenkommen zum gemeinsamen Gottesdienst nicht zu versäumen (Hebräer 10,25). Und: „Wir müssen Gott mehr gehorchen als Menschen" (Apostelgeschichte 5,29). Also nahmen wir unsere Versammlungen zum gemeinsamen Gottesdienst wieder auf, was sofort den Zorn Cäsars entfachte. Staatliche Behörden verfolgten unsere Kirche mit allen regulatorischen Geschossen, die sie auf uns abfeuern konnten – rechtliche Forderungen, Klagen, einstweilige Verfügungen und Geldstrafen. Sie drohten sogar damit, uns unseren Parkplatz wegzunehmen. Dankenswerterweise siegten wir vor Gericht – meiner Meinung nach vor allem deshalb, weil der Bezirk Los Angeles seine Gesundheitsbeamten nicht unter Eid aussagen lassen wollte.

Unser Sieg in diesem Fall kam genau ein Jahr vor der Veröffentlichung der Frankfurter Erklärung. Während unser Fall noch vor Gericht verhandelt wurde, veröffentlichten wir bereits eine eigene Erklärung mit dem Titel „Christus, nicht Cäsar, ist das Haupt der Kirche"[85]. Was wir damals erklärt haben, deckt sich vollständig mit dem Frankfurter Dokument.

Die Regierung der Vereinigten Staaten (und andere in der westlichen Welt) haben sich bereits als Feinde Christi erwiesen, indem sie Abtreibung legalisiert haben, fordern, dass Homosexualität gefördert und gefeiert wird, sich weigern, die von Gott gegebenen Unterschiede zwischen den Geschlechtern anzuerkennen, gleichgeschlechtliche Ehen erlauben und barbarische, heidnische Verstümmelung von Kindern fördern. Diese offenen, von der Regierung geförderten Angriffe auf seit Langem geltende moralische Normen stellen eine formelle, parlamentarische Kriegserklärung an Gott, Seine Schöpfungsordnung, Sein Sittengesetz und die Autorität Seines Wortes dar. Unsere derzeitige Regierung steht somit nicht weniger in Opposition zu Gott, als die Baalsanbeter des Alten Testaments. Warum sollten wir nicht erwarten, dass sie Menschen verfolgen, die ihr Leben für die Sache Gottes und Sein Wort aufs Spiel setzen würden? Es gibt viele Anzeichen dafür, dass gesunden Gemeinden und treuen Gläubigen eine Welle harter Verfolgung bevorsteht.

Die Enthüllung all dessen ist ein großes Problem für die Gemeinden, die versucht haben, Kompromisse mit der Welt einzugehen. Einige von ihnen werden die Wahrheit einfach noch unverhohlener leugnen. (Einige tun das bereits.) Diejenigen, die keine Kompromisse eingehen wollen, um Cäsar zu beschwichtigen, sollten die Frankfurter Erklärung unterzeichnen.

Christus und Cäsar agieren in unterschiedlichen Bereichen. Der Auftrag der Kirche ist nicht parteipolitisch. Es gibt keine politische Lösung für das, was unsere Kultur krank macht. Der Auftrag der Kirche besteht darin, das Evangelium zu verkündigen, Seelen aus dem Reich der Finsternis zu retten und sie zu lehren, Christi Jünger zu sein. Wir Christen dürfen uns nicht von dieser Aufgabe abbringen lassen, um rein zeitliche politische Ziele zu erreichen. Je mehr sich jedoch Cäsar in Angelegenheiten einmischt, die Christus gehören, desto mehr muss sich die Kirche zu ewigen und geistlichen Angelegenheiten äußern, die der Rest der Welt als rein „politisch" behandeln will. Es steht Cäsar nicht zu, moralische Normen in Fragen wie Abtreibung, sexuelle Perversion, Geschlechterrollen oder anderen Bereichen, in denen die Heilige Schrift klare Grenzen gezogen hat, umzudeuten. Wir werden uns weiterhin zu solchen Themen äußern, und wenn die Regierung versucht, die Botschaft zu unterdrücken oder den Boten zu bestrafen, werden wir uns nicht beugen.

„Ob es vor Gott recht ist, auf euch mehr zu hören als auf Gott, urteilt ihr; denn uns ist es unmöglich, von dem, was wir gesehen und gehört haben, nicht zu reden." (Apostelgeschichte 4,19b–20).

TEIL 9

WARUM DIE FRANKFURTER ERKLÄRUNG NÖTIG IST

Tobias Riemenschneider

Im Frühjahr 2021 kamen Pastoren aus verschiedenen Ländern zusammen, um eine gemeinsame Erklärung als Antwort auf die Corona-Maßnahmen vieler Staaten zu verfassen. Das Ergebnis ist die *Frankfurter Erklärung christlicher und bürgerlicher Freiheiten* („**Frankfurter Erklärung**")[86], die am 28. August 2022 bei Frankfurt am Main der Öffentlichkeit vorgestellt wurde. Die Frankfurter Erklärung wurde zunächst von fünfzig Pastoren und Theologen aus Amerika, Europa, Australien und Afrika als Erstunterzeichnern unterschrieben, darunter Männer wie Dr. John MacArthur, Dr. Voddie Baucham, Dr. James White und andere. Inzwischen haben sich mehr als 5.000 Unterzeichner aus der ganzen Welt der Frankfurter Erklärung angeschlossen.

Auch wenn der konkrete Anlass für die Abfassung der Frankfurter Erklärung die Corona-Maßnahmen waren, geht es der Frankfurter Erklärung nicht in erster Linie um diese Maßnahmen, sondern um die dahinterstehenden geistlichen Gründe, die Staaten dazu brachten, so massiv in die verfassungsmäßig garantierten Rechte und Freiheiten ihrer Bürger einzugreifen. Die Unterzeichner der Frankfurter Erklärung sehen in dieser beispiellosen Missachtung von Rechten und Freiheiten nur ein Symptom eines sich seit Jahren und Jahrzehnten abzeichnenden Totalitarismus des Staates über alle Bereiche der Gesellschaft, einschließlich der Kirche. Die Frankfurter Erklärung möchte diesen Bedrohungen die zeitlosen Wahrheiten des Wortes Gottes entgegensetzen, und zwar durch Bekenntnisse und Verwerfungen, die von biblischen Prinzipien abgeleitet sind.

Im Folgenden soll aufgezeigt werden, warum die Frankfurter Erklärung für unsere Zeit nötig ist.

ARTIKEL 1: GOTT, DER SCHÖPFER, ALS SOUVERÄNER GESETZGEBER UND RICHTER

Seit Jahrhunderten entfernen sich die Länder der westlichen Welt immer weiter von der biblischen Wahrheit, dass Gott den Kosmos und alles darin, einschließlich des Menschen, geschaffen hat. Das Denken der meisten Menschen ist heute stark von einem radikalen Materialismus geprägt, der davon ausgeht, dass alle Prozesse und Phänomene in der Welt nicht auf einen persönlichen Schöpfer, sondern auf unpersönliche Materie und Bewegung zurückgehen.

Wenn es aber keinen Schöpfergott gibt, dann gibt es auch keinen göttlichen Gesetzgeber, der den Menschen Sein universelles, unveränderliches Gesetz offenbart hat, und es gibt keinen göttlichen Richter, der am Ende der Zeit alle Menschen nach diesem Gesetz richten wird. Wenn es keinen himmlischen Gesetzgeber über dem irdischen Staat gibt, dann ist aber der Staat der höchste Gesetzgeber, und seine Gesetze brauchen sich an keinem höheren Maßstab zu messen. Und wenn es keinen göttlichen Richter über den menschlichen Gesetzgebern gibt, dann müssen sie sich nicht einst vor Ihm für ihr Handeln verantworten. So nehmen der Staat und diejenigen, die ihn regieren, für sich selbst die Rolle Gottes ein und bestimmen frei, was gutes und böses Verhalten sei, ohne an einen göttlichen Maßstab der Moral gebunden zu sein. Das Ergebnis ist verheerend: Unbekehrte Menschen, von Natur aus verdorben, verkehren die Gebote Gottes in ihr Gegenteil und nennen das Gute böse und das Böse gut.

Hierfür gab es während der Corona-Krise viele Beispiele. So war es sogar gesunden Menschen verboten, Alte, Kranke und Sterbende zu besuchen, obwohl Christus sagt, dass man gerade daran erkennt, wer ein Gesegneter des Vaters ist und das Reich erbt und wer verflucht ist und von Christus in das ewige Feuer gehen muss (Mt 25,31-46). Das Phänomen, dass der Staat Dinge als gut bezeichnet, die seit Jahrtausenden als Sünde gelten, können wir seit Jahren beobachten: Der Staat erleichtert Scheidungen und sexuelle Unmoral, fördert Homosexualität und Transgenderismus und erlaubt die Tötung von Kindern im Mutterleib. Aber der Staat tut diese Dinge nicht nur, sondern verlangt von seinen Bürgern, dass sie dies ebenfalls gutheißen. Selbst kleine Kinder in Kindergärten und Schulen werden entsprechend indoktriniert. Jeder, der anderer Meinung ist, gilt als rückständig, bigott, hasserfüllt und als Bedrohung für die Gesellschaft.

Die Frankfurter Erklärung bekennt, dass Gott als oberster Gesetzgeber und Richter die letztgültige Quelle der Ethik ist und dass Er in Seinem

Gesetz eine unveränderliche Moral geoffenbart hat, die in Seinem eigenen Charakter wurzelt und die für alle Menschen zu allen Zeiten verbindlich bestimmt, was gutes und böses Verhalten ist. Sie verwirft daher die Vorstellung, dass der Staat das Recht habe, selbst Moral zu definieren und von seinen Bürgern bedingungslosen Gehorsam zu verlangen, wenn dies dem Gesetz Gottes widerspricht. Dabei beruft sie sich auf die *clausula Petri*, wonach man Gott mehr gehorchen muss als Menschen (Apg 5,29).

ARTIKEL 2: GOTT ALS QUELLE DER WAHRHEIT UND DIE ROLLE DER WISSENSCHAFT

Mit der Abkehr von der Wahrheit des Schöpfergottes geraten auch andere Wahrheiten zunehmend ins Wanken. Als Christen wissen wir, dass Gott die Schöpfung nach objektiven Wahrheiten geordnet hat, die der Mensch durch wissenschaftliche Beobachtung entdecken kann. Dieses Wissen machte Wissenschaft überhaupt erst möglich. Das bedeutet auch, dass jede wissenschaftliche Unternehmung eine Erforschung der Werke Gottes ist und daher keine Neutralität vortäuschen kann.

Wenn die Wissenschaft nicht mehr dazu dient, Gott zu verherrlichen, dann wird die Wissenschaft selbst zu Gott. Viele sind heute überzeugt, dass die Wissenschaft Antworten auf alle Fragen und Anleitungen für das richtige Handeln in allen Situationen geben kann. Dieser Szientismus übersieht, dass wissenschaftliche Bemühungen nicht nur aufgrund fehlender Daten und der menschlichen Neigung zum Irrtum oft zu falschen Ergebnissen führen, sondern dass sie keineswegs Antworten auf moralische Fragen geben können. Die Wissenschaft kann nur sagen, was ist, aber nicht, was sein sollte. Virologie und Epidemiologie können sagen, welche Maßnahmen erfolgversprechend sind, um ein Virus einzudämmen, aber sie können nicht beantworten, ob ein Lockdown oder andere Eingriffe in die Rechte und Freiheiten der Menschen ethisch gerechtfertigt sind, um dieses Ziel zu erreichen. Genau das ist aber während der Corona-Zeit geschehen: Einzelne Experten wurden als Repräsentanten der „Wissenschaft" hingestellt, und ihre Vorhersagen und Empfehlungen bestimmten die Politik ganzer Staaten. Wie C. S. Lewis es einmal ausdrückte: „Lasst die Wissenschaftler uns etwas über die Wissenschaften erzählen. Aber beim Regieren geht es um Fragen des Wohls für die Menschen und der Gerechtigkeit und darum, welche Dinge es wert sind, zu welchem Preis sie zu haben; und in diesen Fragen verleiht eine wissenschaftliche Ausbildung der Meinung eines Menschen keinen zusätzlichen Wert."

Da der Mensch in Sünde gefallen ist, unterliegen alle seine Gedanken, Schlussfolgerungen und Institutionen zudem einem Grad an Verdorbenheit, und er ist dazu geneigt, die Wahrheit zu verzerren, zu manipulieren oder zu unterdrücken. In den Händen ideologisch motivierter Menschen wird die Wahrheit durch Umdeutung verfälscht, und die Wissenschaft wird schnell zu einem Instrument der Indoktrination und der politischen Machtausübung durch Panikmache oder Propaganda pervertiert. Abweichende Stimmen werden ignoriert, unterdrückt oder vom öffentlichen Diskurs ausgeschlossen („gecancelt"). Während der Corona-Zeit wurden andersdenkende Ärzte und Wissenschaftler, die zum Teil seit Jahrzehnten als Koryphäen auf ihrem Gebiet galten, mundtot gemacht und diskreditiert und verloren nicht selten ihren Arbeitsplatz. Aber wir sehen das auch in anderen Bereichen. So haben der Staat und der „wissenschaftliche Konsens" jahrzehntelang propagiert, dass wissenschaftlich unhaltbare Theorien, wie der Darwinismus, als bewiesene Wahrheit gälten. Neuerdings wird uns erzählt, die Wissenschaft habe herausgefunden, dass es nicht mehr möglich sei, zu sagen, was ein Mann oder eine Frau ist.

Die Frankfurter Erklärung befürwortet Wissenschaft, die mit Hilfe wissenschaftlicher Methoden und Debatten die Wahrheiten zu entdecken sucht, die Gott in die natürliche Welt hineingelegt hat, lehnt aber den Szientismus als den Glauben, die Wissenschaft führe notwendiger Weise zur Wahrheit und könne Antworten auf komplexe ethische Fragen geben, ab. Darüber hinaus verwirft sie die Vorstellung, dass Regierungen, wissenschaftliche Experten oder Medien moralisch und ideologisch neutral seien und dass man ihrer Darstellung der „Wahrheit" bedingungslos Glauben schenken sollte.

ARTIKEL 3: DER MENSCH ALS EBENBILD GOTTES

Wenn man nicht mehr glaubt, dass es einen persönlichen Schöpfergott gibt, sondern dass alle Vorgänge nur durch Materie und Bewegung bestimmt werden, dann ist der Mensch nichts weiter als das Produkt eines unpersönlichen und letztlich ziellosen evolutionären Prozesses ohne jeden transzendenten Sinn oder Wert, außer dem „höheren Wohl" der Gesellschaft zu dienen. Die Staaten der westlichen Welt haben dieses Menschenbild jahrzehntelang propagiert, und wir sehen nun die Auswirkungen davon: Dieses darwinistische Menschenbild bietet keinen Schutz des Einzelnen vor dem Machtmissbrauch des Stärkeren.

Während der Corona-Krise haben Staaten Menschen psychologisch manipuliert, indem sie ihnen mit Vorhersagen über horrende Todeszahlen und einen qualvollen Erstickungstod bewusst Angst einjagten, wie aus internen Regierungspapieren hervorgeht und von einigen Regierungen offen zugegeben wurde. Das Misstrauen gegenüber anderen Menschen wurde gefördert, indem diese als potenzielle Bedrohung für Leib und Leben dargestellt wurden. Darüber hinaus verhängten viele Staaten Beschränkungen, welche die Rechte und Freiheiten der Menschen in einer Weise einschränkten, die zuvor in der „freien" Welt undenkbar schien. Dies geschah, obwohl solche Eingriffe durch die Verfassungen der meisten Staaten verboten sind. (Zur Klarstellung: Es geht hier nicht darum, ob bestimmte Maßnahmen aus virologischer oder epidemiologischer Sicht sinnvoll sind oder nicht, sondern darum, ob der Staat das Recht hat, solche Maßnahmen mit Gewalt durchzusetzen und damit massiv in die Rechte und Freiheiten seiner Bürger einzugreifen).

Nach der biblischen Weltanschauung hingegen schuf Gott den Menschen nach Seinem Bild und Gleichnis, weshalb alle Menschen inhärente Würde und Wert haben, welche ihren Ausdruck in gottgegebenen, unveräußerlichen Rechten und Freiheiten finden, die der Staat zu achten und zu schützen hat (vgl. Röm 13,3-4). Zu diesen Rechten und Freiheiten gehören auch das Recht auf persönliche Beziehungen, auf berufliche Tätigkeit, auf medizinische Selbstbestimmung und auf Teilhabe an den wichtigen Ereignissen des menschlichen Lebens, wie das Recht, die Geburt des eigenen Kindes mitzuerleben, in einer öffentlichen Versammlung zu heiraten und Gemeinschaft mit anderen zu pflegen. Wenn der Staat einer Person diese Rechte und Freiheiten vorenthält oder sie von der Einhaltung bestimmter Vorschriften abhängig macht, entmenschlicht er sie und macht sie zu einem bloßen Objekt staatlicher Tyrannei. Dies ist ein direkter Angriff auf das Ebenbild Gottes, der sich immer wieder beobachten lässt, insbesondere in antichristlichen Systemen wie dem Kommunismus und dem Sozialismus.

Die Frankfurter Erklärung bekennt den unveräußerlichen Wert jedes Menschen als im Ebenbild Gottes geschaffen und wendet sich daher gegen staatliche Eingriffe in die gottgegebenen Rechte und Freiheiten der Menschen durch Verbote und Zwänge, die den angeborenen Wert des Menschen missachten, indem sie ihn der Manipulation, der erzwungenen Segregation oder sonstiger ungerechtfertigter Entrechtung aussetzen.

ARTIKEL 4: GOTT GEGEBENE AUFGABEN UND GRENZEN VON AUTORITÄT

Wenn man weder an einen Gott glaubt, der die höchste Autorität über alle Lebensbereiche, einschließlich des Staates, hat, noch an den Menschen als Ebenbild Gottes, dann ist der Weg geebnet für eine totalitäre Herrschaft des Staates über alle Lebensbereiche. Als Reaktion auf den wachsenden Nihilismus, der aus dieser Abkehr vom christlichen Glauben resultiert, erfindet der moderne Staat pseudoreligiöse Überzeugungen, um die Menschen unter Kontrolle zu halten. Daher die neue Religion des Multikulturalismus, der Diversität, der Gesundheit, des Klimas, der Rettung des Planeten und des drohenden Untergangs, wenn wir nicht durch die zentrale Planung und Kontrolle der höchsten verbleibenden Macht, des neuen Gottes Staat, gerettet werden, der nun die Rolle des ultimativen Gesetzgebers, Versorgers, Priesters und Retters einnimmt und damit eine autoritäre Gesellschaft schafft, in welcher der Staat absolut ist.

In diesem System können Andersdenkende nicht geduldet werden, weil sie das Narrativ gefährden, auf dem die Legitimität dieses Etatismus und Totalitarismus beruht. Der Staat ist daher bestrebt, die Überzeugungen und Verhaltensweisen seiner Bürger zu zentralisieren. Deshalb hat er auch ein besonderes Interesse daran, so früh wie möglich Einfluss auf die Kinder zu gewinnen, um sie im Sinne der Staatsideologie zu indoktrinieren und zu „loyalen" Bürgern zu erziehen. Der Staat erzeugt damit eine ideologische Intoleranz, die darauf abzielt, Andersdenkende zum Schweigen zu bringen, zu „canceln", umzuerziehen und zu bestrafen. Wir haben dies nicht nur bei Corona gesehen, als der Staat sein Narrativ zur absoluten Wahrheit erhob und Andersdenkenden durch Demonstrationsverbote und eine beispiellose Zensur in konventionellen und sozialen Medien die Möglichkeit entzog, Kritik überhaupt öffentlich zu äußern. Vielmehr sehen wir ein ähnliches Vorgehen auch bei einer Vielzahl anderer ideologischer Narrative, wie dem Feminismus, der sexuellen und geschlechtlichen Selbstbestimmung oder dem Klimawandel.

Es bleibt aber nicht allein bei der Unterdrückung von Kritik, sondern der Staat greift zunehmend in alle Lebensbereiche ein, um ein systemkonformes Verhalten sicherzustellen. So griff der Staat während der Corona-Zeit in die Sphäre der Familie ein, indem er verbot, dass man seine Familienangehörigen besuchte, ihnen beistand oder mit ihnen Familienfeste feierte, und er griff in die Sphäre der Kirche ein, indem er verbot, Gottesdienste zu feiern, Loblieder zu singen oder die Sakramente zu verwalten.

Dieser totalitäre Etatismus widerspricht der göttlichen Ordnung der Dinge. Alle irdischen Mächte haben ihre Autorität von Gott, dem alle Rechenschaft geben müssen, und Er hat ihre Verantwortungsbereiche festgelegt: der Familie hat Er die Rute gegeben, um die Kinder in den Wegen des HERRN zu erziehen; der Kirche hat Er das Wort gegeben, um alle Völker zu Jüngern zu machen; und dem Staat hat Er das Schwert gegeben, um das

Böse zu strafen und das Gute zu belohnen. Indem Gott die Verantwortungsbereiche dieser Institutionen festlegte, hat Er zugleich ihrer jeweiligen Autorität Grenzen gesetzt.

Die Frankfurter Erklärung bekennt, dass die Familie, die Kirche und der Staat von Gott nur eine begrenzte Autorität über ihre jeweiligen Verantwortungsbereiche erhalten haben. Sie verwirft daher den Etatismus und die totalitären Ideologien von Regierungen, welche die Grenzen ihrer Autorität nicht anerkennen und die von Gott an die Kirche oder die Familie delegierte Autorität an sich reißen wollen.

ARTIKEL 5: CHRISTUS ALS DAS HAUPT DER KIRCHE

Die Tatsache, dass der Staat die gottgegebenen Grenzen seiner Autorität nicht mehr anerkennt und keine Furcht mehr vor Gott und dem Heiligen hat, wirkt sich zunehmend auch auf die Kirche aus. Der Staat achtet die geistliche Bedeutung der Kirche nicht mehr, sondern betrachtet und behandelt sie zunehmend wie jede andere Vereinigung oder Veranstaltung von Menschen, ja sogar mehr noch als Gefahr für die eigenen Ideologien des Staates.

Das hat sich in der Corona-Krise deutlich gezeigt. Während in der Vergangenheit bei nationalen Notlagen die Kirchen in der Regel voll waren, weil die Menschen verstanden, dass letztlich nur Gott sie retten kann (vgl. 2. Chr 7,13-14), waren diesmal in weiten Teilen der westlichen Welt Gottesdienste für mehrere Wochen oder Monate verboten. Als Gottesdienste wieder erlaubt wurden, galten weiterhin strenge Einschränkungen wie Kapazitätsbegrenzungen, Abstands-, Masken- oder Testpflicht oder Einschränkungen bei der Verwaltung der Sakramente. Zudem ordnet der Staat an, dass der Gemeindegesang zum Lobe Gottes im ganzen Land für mehrere Monate zu verstummen habe. Und leider befolgten die meisten Kirchen diese Anordnungen willig, nicht wenige aus voller Überzeugung. Aber wir sehen dies auch in anderen Bereichen, wenn zum Beispiel Pastoren verhaftet werden oder sich vor Gericht verantworten müssen, weil sie das Wort Gottes predigen.

Nach der Heiligen Schrift jedoch ist der Herr Jesus Christus das alleinige Haupt der Kirche. Er gebietet uns nicht nur, dem Kaiser zu geben, was des Kaisers ist, sondern auch Gott, was Gottes ist, und begründet damit die funktionale Unabhängigkeit der Kirche vom Staat. Die Kirche darf sich daher einem übergriffigen Staat nicht fügen, wenn dieser anordnet, Gott Seine Anbetung und Seinen Lobpreis vorzuenthalten oder Seine blutserkauften

Kinder daran zu hindern, frei von staatlich auferlegten Zugangsbeschränkungen ihren Gott anzubeten und die Gnadenmittel des Wortes und der Sakramente zu empfangen.

Die Frankfurter Erklärung bekennt, dass die Kirche dem Herrn Jesus Christus um den Preis Seines Lebens gehört, dass sie in allen Fragen des Glaubens und der Glaubenspraxis Ihm allein rechenschaftspflichtig ist und dass daher die Aktivitäten der Ortsgemeinde, soweit sie wesentliche gottesdienstliche Handlungen darstellen, allein von Christus geregelt werden. Sie verwirft die Vorstellung, dass irgendeine andere Institution Autorität über die Kirche habe, ihre Angelegenheiten in Fragen des Glaubens und der Glaubenspraxis zu kriminalisieren, einzuschränken oder zu regeln oder ihre Aktivitäten auf einen nicht systemrelevanten Status zu reduzieren.

EIN AUFRUF ZU RESPEKT, BUSSE UND WIDERSTAND

Die Frankfurter Erklärung endet mit einem Ausdruck der Dankbarkeit gegenüber jenen staatlichen Behörden, die diese christlichen Überzeugungen und die Rechte und Freiheiten jedes Einzelnen respektieren, und mit einem Aufruf zur Umkehr gegenüber jenen staatlichen Behörden, die diese Freiheiten missachtet haben, damit sie sich nicht durch den Missbrauch ihrer gottgegebenen Autorität Gottes Zorn zuziehen. Zudem ermutigt sie die Christen, standhaft und treu dem Herrn mehr zu gehorchen als Menschen, einander beizustehen und füreinander zu beten, dass Gott uns die Gnade schenken möge, treu zu sein und auszuharren bis ans Ende.

Die Frankfurter Erklärung ist keine Politisierung des Evangeliums, ganz im Gegenteil. Sie ist auch kein Aufruf zu Streit und Spaltung in der Kirche oder zu unrechtmäßiger Auflehnung gegen den Staat. Sie soll den Christen biblische Orientierung und Ermutigung für ein treues Zeugnis für Jesus Christus in unserer Zeit geben. Möge Gott sie gnädiglich auf diese Weise zu Seiner Ehre gebrauchen.

TEIL 10

ANSPRACHE BEI DER „CHURCH AT WAR"-KONFERENZ IN WATERLOO, ON, KANADA

Tobias Riemenschneider

Ich bin sehr dankbar, hier unter meinen kanadischen Brüdern und Schwestern in Christus zu sein. Es ist ein großes Privileg und eine große Ehre für mich, zu euch sprechen zu dürfen. Als ich vor zwei Wochen mit Pastor Jacob Reaume Kontakt aufnahm und ihn fragte, ob es noch möglich sei, an der Konferenz teilzunehmen, sagte er mir, dass sie komplett ausverkauft sei, dass er aber, falls nötig, eine Empore für mich bauen würde und dass seine Gemeinde die Konferenzgebühr und das Hotel für mich zahlen würde. Ich bin überwältigt von der Liebe und Großzügigkeit meines lieben Bruders Jacob und seiner Gemeinde, und ich preise Gott dafür.

Ich möchte die kurze Zeit, die ich habe, nutzen, um euch zu ermutigen, indem ich euch erzähle, welche Auswirkung eure Treue auf mich persönlich und die Kirche in Deutschland hatte. Die Situation in Deutschland war mit der in Kanada beinahe identisch. Wir hatten Lockdowns, Abstands- und Maskenpflichten und so weiter. Sogar das Singen von Lobliedern für den Herrn war mehrere Monate lang verboten. Und unsere Regierenden und die Medien machten aus ihrem Hass auf die Ungeimpften keinen Hehl. Sie planten sogar, eine Impfpflicht für die gesamte Bevölkerung einzuführen. Es war eine Zeit der Bedrängnis und Angst, wie ich sie noch nie erlebt hatte. Und die meisten Kirchen haben einfach alles mitgemacht und alles geglaubt. Sie haben sich sogar gegen ihre eigenen Schafe gewandt, wenn diese nicht alles mitmachen wollten. Die evangelische Kirche startete sogar eine Kampagne: „Impfe deinen Nächsten wie dich selbst".

Unsere Gemeinde beugte sich nicht. Wir überließen dem Kaiser nicht, was Gott gehört. Aber wir versuchten, alles im Geheimen zu tun, und hofften, dass niemand uns auf die Schliche kommen würde. Aber dann hörte ich, dass Pastor James Coates verhaftet worden war, weil er Gottesdienst

gefeiert hatte, und etwas veränderte sich in meinem Herzen. Ich war überwältigt von Liebe zu meinem Bruder, von dem ich zuvor noch nie gehört hatte, und ich weinte und betete für ihn und seine Familie – und ich war zornig
über die schiere Ungerechtigkeit. Ihr könnt tatsächlich sehen, wie ich mich
fühlte. Im Internet gibt es ein Video, das Pastor Jacob Reaume zeigt, wie er
zu seiner Herde predigt und unter Tränen ausruft, dass Pastor James inhaftiert worden ist. Dort könnt ihr genau sehen, wie ich mich auch fühlte.

Und dann wurde Pastor Tim Stephens verhaftet. Ich konnte das Video,
das zeigte, wie er aus den Armen seiner weinenden Kinder gerissen wurde,
kaum anschauen. Es brach mir das Herz. Dann verlor Pastor Steve Richardson seinen Job, weil er für die Wahrheit, für seine Herde und für seinen Herrn eintrat. Aber all das machte mich nicht ängstlicher, sondern im
Gegenteil, es machte mir Mut. Ich dachte: „Wenn meine Brüder in Kanada
ins Gefängnis gehen, zu Geldstrafen verurteilt werden und ihre Arbeit verlieren, kann ich wenigstens öffentlich Stellung beziehen." Also schrieb ich
eine Erklärung, wie die Kirche biblisch auf die Einschränkungen reagieren
sollte. Diese Erklärung wurde in ganz Deutschland verbreitet und sogar in
andere Sprachen übersetzt, auch ins Englische. Es folgten eine weitere Erklärung und eine Predigt über Römer 13. Wir gründeten eine Gruppe von
Pastoren, um unsere Kräfte zu bündeln. Wir organisierten Gebetstage, um
für ein Ende dieser Tyrannei zu beten. Im August hatten wir eine Konferenz, auf der wir auf zweieinhalb Jahre Corona zurückblickten. Ich wurde
auch Co-Autor der Frankfurter Erklärung, die auch von den Pastoren hier
unterzeichnet wurde.

Ich erzähle euch das nicht, um damit zu prahlen, was ich während Corona getan habe. Ich war ein ängstlicher kleiner Wurm. Aber durch die
Gnade Gottes wurde ich mutig. Und Gott nutzte diese Pastoren hier, um
mir und vielen Christen in Deutschland Mut zu machen und Trost zu spenden. Gott hat euer Leiden und das Leiden dieser Pastoren genutzt, um Sein
Volk auf der anderen Seite der Welt zu segnen und zu ermutigen.

Ich habe eine Bitte an euch alle: Ehrt diese Männer! Betet für sie! Un-
terstützt sie, auch finanziell, wenn sie Strafen zahlen müssen! Setzt euch
für sie ein! Kämpft für sie, so wie sie es für euch getan haben! Und ich
weiß, das mag hart klingen, aber wenn ihr in einer Gemeinde mit einem
Pastor seid, der während Corona ein Feigling war, der nicht männlich und
stark und mutig war und der nicht Buße getan hat, dann überlegt bitte, ob
ihr nicht Teil der Herde eines dieser Pastoren werden wollt. Sie haben ihre
Treue bewiesen. Und das ist es, was ihr in der kommenden Zeit brauchen
werdet: einen treuen Pastor, der bereit ist, für euch Geldstrafen zu zahlen,
seinen Job zu verlieren und ins Gefängnis zu gehen. Ich danke euch.

ANMERKUNGEN

1   Die Frankfurter Erklärung kann auch weiterhin unterzeichnet werden unter https://frankfurtdeclaration.com.

2   Mit widersetzen, Widerstand usw. meinen wir in dieser gesamten Stellungnahme stets Widerstand im biblischen Sinn, d. h. gewaltfrei durch Gebet, Predigt, Petitionen und Bußaufrufe an Politiker, Beschreitung des Rechtswegs oder friedlichen zivilen Ungehorsam.

3   https://www.youtube.com/watch?v=-FefSVNgIpg&t=438s; zuletzt abgerufen am 9.3.2021.

4   https://www.tagesschau.de/inland/omikron-impfen-wieler-spahn-101.html (zuletzt abgerufen am 2.12.2021).

5   https://www.welt.de/politik/deutschland/article235374832/Corona-Impfpflicht-Olaf-Scholz-ist-fuer-Impfpflicht-und-Ablauf-des-Impfstatus.html (zuletzt abgerufen am 2.12.2021).

6   Vgl. Römer 14,5b.23b.

7   https://www.rki.de/SharedDocs/FAQ/COVID-Impfen/ FAQ_Liste_Wirksamkeit.html (zuletzt abgerufen am 2.12.2021).

8   https://www1.wdr.de/nachrichten/themen/coronavirus/wieler-rki-corona-fragen-antworten-wdr-102.html (zuletzt abgerufen am 2.12.2021).

9   https://www.tagesschau.de/inland/omikron-impfen-wieler-spahn-101.html (zuletzt abgerufen am 2.12.2021).

10   https://www.epochtimes.de/politik/deutschland/montgomery-warnt-vor-neuer-virusvariante-jahrelange-weltweite-impfungen-noetig-a3653584.html (zuletzt abgerufen am 2.12.2021).

11   https://www.berliner-zeitung.de/news/trotz-100-prozent-impfquote-gibraltar-sagt-weihnachtsfeste-ab-li.195627 (zuletzt abgerufen am 2.12.2021).

12   Siehe zum Thema den sehr empfehlenswerten Artikel „Corona-Impfstoffe und die Verwendung embryonaler Zelllinien" von Johann Hesse vom 17.8.2021, abrufbar unter https://www.gemeindenetzwerk.de/?p=18257 (zuletzt abgerufen am 2.12.2021).

13   https://www.menschenrechte.online/2021/04/16/standhafte-christen-gegen-impfungen-hunderte-foeten-zur-herstellung-verwendet/ (zuletzt abgerufen am 2.12.2021).

14   2.Mose 20,13; 5.Mose 5,17.

15   2.Mose 21,22-25.

16   Psalm 139,13; 1.Mose 1,27.

17   1.Timotheus 5,22; Offenbarung 18,4.

18   Siehe hierzu „Die ,Covid-19-Impfung' - Segen oder Fluch? Eine Analyse aus medizinischer & biblischer Sicht", herausgegeben von Daniel Puhlmann, abrufbar unter https://agele.de/nextcloud/s/9Y3dSKtdprYboPx (Passwort: leipheim) (zuletzt abgerufen am 2.12.2021).

[19] 1.Korinther 3,16.17.

[20] Epheser 5,29.

[21] https://de.statista.com/statistik/daten/studie/1104173/umfrage/todesfaelle-aufgrund-des-coronavirus-in-deutschland-nach-geschlecht/ (Stand: 25.11.2021; zuletzt abgerufen am 2.12.2021).

[22] Ebenda.

[23] Zum Thema der biblischen Unterordnung unter den Staat und des biblischen Widerstands gegen ihn, siehe die Predigt „Unterordnung und Widerstand" von Tobias Riemenschneider vom 23.3.2021, abrufbar als Video unter https://www.youtube.com/watch?v=A51QQl6t9f0; erschienen als Broschüre und CD im Lichtzeichenverlag, bestellbar unter https://lichtzeichen-shop.com.

[24] Lukas 22,25.

[25] So hatte etwa der Ministerpräsident von Sachsen, Michael Kretschmer, am 5.5.2020 einen Impfzwang als Unfug bezeichnet. Niemand werde in der Bundesrepublik Deutschland gegen seinen Willen geimpft. Auch das Gerede, dass diejenigen, die sich nicht impfen lassen, ihre Grundrechte verlieren sollen, sei genauso großer Unsinn und eine absurde und bösartige Behauptung; solchen Leuten solle man gemeinsam entgegentreten. Gerade bei der Vergangenheit Deutschlands sei ein Impfzwang bar jeder Vorstellung. (Abrufbar unter https://twitter.com/mpkretschmer/status/1257619155810951168?lang=de; zuletzt abgerufen am 2.12.2021).

[26] Philipper 4,8; 2.Johannes 1,4; 3.Johannes 1,3; in den Johannesbriefen geht es zwar in erster Linie darum, in der Wahrheit des Evangeliums zu wandeln, aber dies schließt auch ein Leben in anderen Lügen aus.

[27] Johannes 14,6.

[28] Johannes 17,17.

[29] 1.Korinther 3,16.17; 6,19.

[30] Matthäus 22,21; Lukas 20,25.

[31] Offenbarung 14,9-13.

[32] 5.Mose 6,4-9.

[33] Daniel 7 (insb. V. 17).

[34] Offenbarung 13,17.

[35] Siehe hierzu auch den sehr empfehlenswerten Artikel „Muss ich mich als Christ aus Nächstenliebe impfen lassen?" von Johann Hesse vom 19.4.2021, abrufbar unter https://www.gemeindenetzwerk.de/?p=18000 (zuletzt abgerufen am 2.12.2021).

[36] Siehe für eine ausführlichere Erläuterung Johann Hesse ebenda.

[37] 1.Könige 18,4.

[38] Jakobus 2,15.16.

[39] 1.Johannes 3,17.

[40] 1.Johannes 3,16.

[41] Apostelgeschichte 4,32.

42 Matthäus 11,28.

43 Johannes 6,37.

44 Hebräer 13,17.

45 Epheser 2,14.

46 Epheser 4,3.

47 Römer 14,1.

48 1.Petrus 5,7.

49 Lukas 6,22.

50 Lukas 12,29-32; siehe auch Psalm 37,25.

51 Psalm 121,2.

52 Ob dies bei einem Totimpfstoff dann tatsächlich der Fall sein wird, bleibt abzuwarten.

53 Hebräer 10,34b.

54 § 7 Abs. 1,2 des Entwurfs für ein Covid-19-Impfschutz-Gesetz.

55 Offenbarung 2,10.

56 1.Petrus 2,23.

57 Daniel 3,16-18.

58 Nachtrag: Tatsächlich wurde uns kein Fall vorgetragen, bei dem wir zu einer List geraten haben.

59 1.Samuel 16,1 ff.; 1.Samuel 21,14.

60 Josua 2,3 ff.

61 2.Mose 1,15 ff.

62 2.Mose 1,20.21; Josua 6,25; Hebräer 11,31; Jakobus 2,25.

63 Siehe hierzu auch „Ob man vor dem Sterben fliehen möge" von Martin Luther, online abrufbar unter https://www.glaubensstimme.de/doku.php?id=autoren:l:luther:o:ob_man_vor_dem_sterben_fliehen_moege (zuletzt abgerufen am 2.12.2021).

64 1.Mose 27,43 ff.; 1.Samuel 19,10 ff.; 2.Samuel 15,14; Jeremia 26,21; 1.Könige 19,3; Matthäus 10,23; Apostelgeschichte 9,25; Apostelgeschichte 12,17; 2.Korinther 11,33.

65 Matthäus 2,13; Matthäus 24,16; Markus 13,14; Lukas 21,21.

66 Johannes 10,11-13.

67 https://www.br.de/nachrichten/deutschland-welt/von-der-leyen-will-corona-impfpflicht-in-der-eu-pruefen,SqLM8A3 (zuletzt abgerufen am 2.12.2021).

68 Hebräer 13,14.

69 2.Timotheus 3,12.

70 Matthäus 28,18.

71 Johannes 19,11.

72 Psalm 27,1.2.

[73] Psalm 118,6.

[74] Lukas 12,4.

[75] Psalm 2,1 ff.

[76] Römer 1,28.

[77] 1.Thessalonicher 4,16-18.

[78] Hebräer 13,1-6.

[79] Habakuk 3,17-19a.

[80] Eine vollständige Liste aller 120 Unterzeichner findet sich unter https://acch.info/2022/02/17/schreiben-an-politiker/.

[81] Weil es gelegentlich Rückfragen zur Bedeutung des veraltenden Begriffs „entblöden" gab: Entblöden bedeutet im vorliegenden Zusammenhang so viel wie: sich nicht schämen, sich nicht scheuen, sich erkühnen.

[82] Eine vollständige Liste aller 50 Erstunterzeichner und aller weiterer Unterzeichner findet sich unter https://frankfurtdeclaration.com.

[83] „Christians Against The Abuse Of Power: Theologians Around The World Sign Statement Rejecting Government Lockdowns", abrufbar unter: https://www.dailywire.com/news/christians-against-the-abuse-of-power-theologians-around-the-world-sign-statement-rejecting-government-lockdowns.

[84] „Why I Signed the Frankfurt Declaration", abrufbar unter https://www.gracechurch.org/news/posts/3570.

[85] „Christ, not Caesar, Is Head of the Church", abrufbar unter https://www.gracechurch.org/news/posts/1988.

[86] Die Frankfurter Erklärung kann online unter frankfurtdeclaration.com unterzeichnet werden.